小さき者たちの

松村圭一郎

小さき者たちの

松村圭一郎

はじめに

大きくて強くて多いほうがいい。そう教えられてきた。人口の少ない田舎町よりも、大都会のほうが便利で進んでいる。就職するなら、大企業がいい。小さい店よりも、大きな店。売上や収入は多ければ多いほどいい。そうやって、「大きさ」や「多さ」を称《たた》える価値観に知らないうちにさらされてきた。

どんなに偉い人でも、有名な人でも、ひとりでは生きていけないし、いつかはかならず死を迎える。一人ひとりは、みんなちっぽけな存在だ。その人間の小ささや弱さから目を背《そむ》けるために、大きくて強いものにすがろうとしてきたのかもしれない。

歴史の教科書に出てくるのも、英雄や偉人たちばかりだ。皇帝とか、国王とか、将軍とか。でも、そんな歴史に名を残した人たちだけでこの世界を動かしてきたのだろうか。彼らの住むところや着るもの、食べるものは、いったいだれがつくったのか。その「偉業」を可能にし、生活を支えたのはどこのだれなのか。

いまこの瞬間も世界を支え、動かしているのは、教科書には載《の》らない、名もなき小さな人びとの営みなのではないか。文化人類学を学び、エチオピアの農村に通いながら、ずっとそんな思いを抱いてきた。

エチオピアの村で出会ったアッバ・オリとその家族のもとに二十年ほど通ってきた。彼らの歩んできた歴史を学び、生活をともにするなかで、その小さな営みに世界のさまざまな動きが映しだされていると気づかされた。

コーヒーを栽培している彼らの生活は、世界の主要産地の収量に大きく左右されている。ブラジルで大豊作となれば、コーヒーの市場価格は暴落し、エチオピアの村人の収入は激減する。中東湾岸諸国でアフリカからの外国人労働者の受け入れがはじまると、村の女性たちが一斉に家政婦として出稼ぎに行くようになった。

世界市場とか、外交関係、国際情勢などがエチオピアの片隅《かたすみ》の小さな暮らしと直結している。その小さな営みの現場をとおしてしか、その大きな動きがもたらした変化のリアリティをつかむことはできないのではないか。そう心にとめながら、人類学のフィールドワークをつづけてきた。

小さき者たちの生活は、この世界がどういう姿をしているのか、それを映しだす鏡である。人間は、これまでどんな暮らしを営んできたのか。そこに世界の動きがいかに映しだされているのか。

本書では、私が生まれ育った九州・熊本でふつうの人びとが経験してきた歴史を掘り下げようとした。とくに私が地元でありながらも目を背けてきた水俣《みなまた》に関するテキストを中心に読みこみ、自分がどんな土地で生をうけたのか、学ぼうとした。そこには日本という近代国家が民《たみ》の暮らしに何をもたらしたのか、はっきりと刻まれていた。

小さき者たちの暮らしをたどる。そこから、この世界を考える。

この試みが、さまざまな土地で営まれている小さき者たちの生活のリアリティと結びつくことを祈りつつ。

目次

はじめに 4

Ⅰ 水俣1

一、はたらく 14
二、おそれる 18
三、いのち 24
四、まじわる 30
五、うつろう 42

六、かかわる 50
七、うえとした 60

Ⅱ 水俣2

八、やまい 70
九、こえる 78
一〇、うつしだす 84
一一、ひきうける 92
一二、たちすくむ 106

Ⅲ　水俣3

一三、ねがい　116
一四、たりない　126
一五、かお　136
一六、あいまみえる　146

Ⅳ　天草

一七、こえ　154
一八、くに　162

V　須恵村

一九、いのる　172
二〇、おとことおんな　184
二一、みえないもの　192
おわりに　201

Ⅰ　水俣1

一、

はたらく

これまでの事業の信用のあればこそ、人さまが名を重うしてくるる。我がふところは損をしても、事業の恥はぜったいに残しとらん。人は一代名は末代、信用仕事じゃこれは

（石牟礼道子『椿の海の記』河出文庫、二一六頁）

石牟礼道子《いしむれみちこ》の自伝的小説『椿の海の記』の一節から。「みっちん」の祖父松太郎は、石工《いしく》の棟梁《とうりよう》として建築や墓につかう美しい石を発掘したり、石山を開いたりして「石の神様」と称される人物だった。天草から水俣に移り住んでからは、道路の建設や港の開港などの事業を請《う》け負っていた。右の言葉は、湯ノ児《ゆこ》温泉の基礎工事にとりかかっていたときの松太郎の言葉である。

松太郎は、採算を度外視《どがいし》した事業を重ねるたびに、自分の持ち山や土地を売り払って資材を仕入れ、人夫《にんぷ》への払いに充《あ》てていた。娘婿《むすめむこ》（みっちんの父親）の亀太郎がその尻ぬぐいをしながら資金繰りをした。松太郎は「人さまに迷惑かくるな」といいながらも、「お主がよかあんばいにしてくれい」と細かいことにはこだわらない。請け負った河川工事が梅雨の大雨と大風にあって滞《とどこお》ると、松太郎はいった。

請負いも人間の仕事じゃけん、信用が第一。わが請負うた仕事が、雨風のためとはいえ、期限におくれたなりゃ、財産潰してでも、出しかぶる。それが人の道。銭というものは信用で這入ってくるもんで、人の躰を絞ってとるもんじゃなか。必ず人の躰で銭とるな
（一三七頁）

請け負った仕事が遅れたら、その責任やコストは事業主が負うべきもので、労働者に無理を強いてはいけない。この松太郎の言葉には、はっとさせられる。

労働者の身体を痛めつけ、病気や過労死に追いやりながら、企業が空前の利益を上げる。名だたる大企業が品質基準の数値を改竄《かいざん》して偽《いつわ》りの商品を世に出しても、露見《ろけん》すれば社長が交代するくらいで平然とやり過ごす。そんな世の中で、ひときわこの言葉は痛烈《つうれつ》に響く。

ただし親族の身になれば、たまったものじゃない。姉から「どぎゃんするつもりか、こういうざまで。孫子の末まで落ちぶれさせて」と責められると、松太郎は身を小さくしながら「まあ、そういい申すな姉女。たしかに銭は、末代までは残るみゃあが、仕事だけは後の世に恥かかぬ仕事をし申したで」という。

この姉とのやりとりをふすま越しに土工《どこう》たちが聞いて恐縮しながら首をすくめあう。その思いがまた、男たちの献身的な働きを引きだす。

大雨の河川工事の現場は緊迫した空気に包まれていた。松太郎はいう。

手ぇ抜いて決潰どもしてみろ、末代の恥ぞ。おまいどもが賃銭ば小切ったりはけっしてせんけん。〔中略〕〔土留め用の〕ケンチ石のなるべく丈夫なのと取り替えて、充分、惜しまずに打ちこんでおいてくれい。素人には見えん土台のところが、いちばん肝心ぞ（一三九頁）

日暮れどき、四歳のみっちんの待つ家には、どしゃぶりの雨のなか、ずぶ濡れになった土工たちが脛《すね》も指の先もまっしろに水にふやけ、唇《くちびる》を紫色にして帰ってきた。なんのために働くのか、会社の事業はだれのためのものなのか。仕事が自分や会社の「稼ぎ」に矮小化《わいしょうか》されている時代に、松太郎の言葉や土工たちの佇《たたず》まいをしみじみと噛みしめてみる。

二、

おそれる

なむはちまんだいぼさつ
八大竜王《はちだいりゆうおう》さま　末《すえ》神々さまに申す
今日のよか日に身をば浄《きよ》め
畏《かしこ》み畏み申し　ここに願いあげ奉《たてまつ》る
〔中略〕
ここに香《か》ぐわしき五穀《ごこく》の酒と
山なる猪《しし》の肉と珍《めずら》しか山の果物《くだもの》　くさぐさをば供《そな》え奉る
あなかしこ　あなかしこ

（石牟礼道子『あやとりの記』福音館文庫、一一九－一二一頁）

石牟礼道子の『椿の海の記』と対をなす『あやとりの記』から。同じく幼い「みっちん」の視点から、かつての水俣の小さくも豊穣《ほうじよう》な世界が描かれる。馬車ひきを生業《なりわい》にする片足の仙造は、いつも萩麿《はぎまろ》という馬を連れ、野生の蘭《らん》を求めて山中をめぐり歩いている。あるとき山奥で、たくさんの「んべ〔ムベ〕」の実をつけた蔓《つる》が藤の大木の蔓と絡《から》み合って館《やかた》のようになった洞《うろ》に出会う。いい匂いに誘われて六畳敷ばかりの洞に入ると、木の瘤穴《こぶあな》に「んべ」の酒が湧いていた。

酒好きの仙造は、思わずその酒を呑《の》んでしまう。しばらく洞のなかでいい気分でうたた寝していると、愛馬の萩麿の啼《な》き声が聞こえてくる。その日以来、萩麿は背中から尻尾にかけてひどく病んでしまい、荷を背負えなくなった。

もしかしたら、あのとき萩麿は「あの衆《し》たち」に襲《おそ》われたのかもしれない。仙造は、うつろな目をしながらつぶやく。


母《かか》さんの生きておらすうちに聞いておけばよかったが、彼岸《ひがん》の入りの日だか、醒《さ》めの日だかに、川の衆《し》と山の衆《し》とが入れ替《か》わらすげなで。親が在《お》ったあいだはおろそかに聞いておって、うっかり萩麿《はぎまろ》連れて山に往《い》たてしもうた。しかも〔昔から馬が怖がる〕七曲《ななまが》りの淵《ふち》の傍《にき》に。

（一〇四－一〇五頁）


「川の衆」と「山の衆」とは、自然のなかに棲《す》まう精霊や妖怪のような存在だ。川の衆は、山がめずらしく、いたずらをして回る。とくに馬を見つけると、尻尾の先にぶら下がったり、そこから背中に飛び乗ったりする。萩麿が啼いたのは、川の衆たちが

大勢で尻尾のほうから代わる代わるぶら下がったからかもしれない。

仙造は夢うつつのなかで、「大事の萩麿　貸しやんせ　さすれば　酒壺《さかつぼ》さしあぐう」という花々の声を聞く。

あの声の主は女神である山の神だったのか。「おとろしかおなご神さまぞ」。そういう仙造に、それならこの萩麿の病を治すには男神である竜神さまに頼んでみるのがよかろうと伝えたのは、人里離れた火葬場でひとり働いて暮らす岩殿《いわどん》だった。冒頭の祈りは、異界のことに通じた岩殿が、岬《みさき》の突端の大岩に彫りこまれた八大竜王像の前で唱えた祝詞《のりと》の一節である。

みっちんも、この竜神さま詣《まい》りの一行に、うしろからひょこひょことついてきた。大岩の前の木の葉を払って祈りの場を浄《きよ》め、背負籠《しょいこ》からお神酒《みき》やたくさんのお供《そな》え物をとりだして盛大に飾る。ヤマモモ、ビワ、ヤブイチゴ、ヤマイモ、キノコや猪肉《ししにく》など、海の神である竜神に山の幸が捧《ささ》げられた。みっちんも、何かないかと探して香りのよい小さな花かずらを折りとって供える。

岩殿は、うやうやしくひざまずいたり、立ち上がったりしながら、事の子細を竜神さまに説明する。

ここに中尾山の仙造が馬　萩の麿
仙造が伴《とも》をして　七曲り峠《とうげ》の沼の傍《にき》に遊びに参りて
山なる姫神《ひめがみ》さまに逢《あ》い奉る
姫は神代《かみよ》の姫にて　ことにもみめうるわしい姫なれば
畜生《ちくしょう》の魂《たましい》が思わず患《わずら》いまして　今日の日まで
あちらにゆきこちらにゆきして惑《まど》うて
まことに畏《おそ》れ多きことながら　今日おん前に
姫神さまを乗せ参らせて　来ましてござる

（一一九－一二〇頁）

いっしんに拝みつづけたあと、岩殿は竜神さまの湯呑みにお神酒を注ぎ、深く礼拝しておしいただいてから、萩麿にも呑ませる。萩麿も神さまの前にいることがわかるらしく、歯を食いしばってお神酒をいただく。

帰りみち、みっちんは眠くなって岩殿におんぶされていた。眠っていると重く感じるので、「もう目え覚ましとけよ、我が家が近かぞ」という岩殿に、仙造やんが声をかける。

爺《じい》やん、どら、こっちに渡しなれ。萩麿がどうやら元気じゃけん、その子は、萩麿に乗せてゆこや

（一二四頁）

この世は、人間だけの世界ではない。森や山には人間が不用意に足を踏み入れてはならない領域があり、あやまちを犯せば報いを受けねばならない。『あやとりの記』に描かれる多くの神々や精霊たち、そしてその異界の者たちを畏《おそ》れ、祈る人びとの姿に、気づかされる。

現代の豊かな生活を可能にした石油や木材などの天然資源は、もとはといえば自然の恵みだ。人間が自分たちの力だけで繁栄をなしとげたと考えるのは、思い上がりにすぎない。世の秩序を生みだす政《まつりごと》は、本来、こうした異界の力との交《まじ》わりを司《つかさど》る「祭りごと」だった。

自分たちをとり囲む大きな力をあたりまえのように畏れていた、謙虚で慎《つつ》ましい小さき者たちの暮らしは、私たちの無知で傲慢《ごうまん》な顔を静かに照らしだす。

三、いのち

「チッソってどなたさんですか」と尋ねても、決して「私がチッソです」という人はいないし、国を訪ねて行っても「私が国です」という人はいないわけです。そこに県知事や大臣や組織はあっても、その中心が見えない。そして水俣病の問題が、認定や補償に焦点が当てられて、それで終わらされていくような気がしていましたし、チッソから本当の詫びの言葉をついに聞くこともなかったわけです。

（緒方正人『チッソは私であった　水俣病の思想』河出文庫、四四頁）

水俣病患者への認定と補償を求める運動に身を投じ、のちにその訴訟から身を引き、独自の運動をはじめた緒方正人《おがたまさと》の著書『チッソは私であった』から。

緒方は、六歳のとき、漁師だった父親を水俣病で失う。自身もめまいやしびれに悩まされながら、父親の仇《あだ》を討《う》とうと、水俣病の患者運動に加わる。チッソに責任をとらせるため、国や熊本県にチッソに荷担した責任を認めさせるために、県庁や環境庁、裁判所などを何度も訪ねるうちに、疑問がわいてきた。

そこにあるのは、ただ手続きとして制度化され、金銭に換算された「責任」だけだった。もっとも大切なはずの「人間の責任」はどこにもなかった。

緒方は、そのときの心境を「自分が目にみえないシステムと空回りしてけんかしているような気がしてきました」と吐露《とろ》する。

チッソの社長や役所の担当者はころころと替わり、訴訟のなかで裁判官も入れ替わっていく。そこには問いを受けとめてくれる相手も、責任をとるべき人間もいなかった。その問いかけは、むなしく自分自身に跳ね返ってくる。

商品をつくればつくるほど売れて儲かるチッソという会社で自分が働いていたとしたら、「加害者」として責任を追及してきた相手と同じことをしたのではないか。絶対にしないとは断言できない。

気がつけば、自分も車を買って運転し、家には家電製品があり、仕事でプラスチック製の船に乗っている。チッソのような化学工場で生産する材料でつくられたものに囲まれた生活をしている。近代化し、豊かさを求めるこの社会に、自分も生きている。そうして緒方は「チッソというのは、もう一人の自分ではなかったか」と自問する。

水俣病の認定申請をする協議会から離脱し、自身の認定申請も取り下げてひとりになったあと、緒方は三カ月ほど「狂いに狂っていた」。テレビの画面を見るだけで耐えられなくなり、外に放り投げて壊す。信号機や道路標識を見ても抑えがたい嫌悪感を覚える。

テレビを見ていると「あれを買いなさい、これを買いなさい、観光にはハワイに行きなさい」と一方的にいってくる。信号や道路標識は「ここは右に行くな」「何キロで走りなさい」と決まりを押しつけてくる。あらゆる一方的に指示してくるものに、強烈な拒絶感を抱くようになった。

それは巨大な「システム社会」への拒絶反応だった。法律や制度だけでなく、時代の価値観が構造的に組みこまれている世界の恐ろしさ。このままいけば、システムが生みだす空虚な「責任」の仕組みのなかに自分も取りこまれてしまう。

たとえ水俣病の認定を受けられても、裁判の訴訟に勝っても、たんに補償金や賠償金などが支払われて終わりになる。その「責任」のとり方は、あくまで法律というシステム内の形式上のものにすぎない。過ちを認めて心から詫《わ》びようとする人はどこにもいない。

水俣病事件が提起したのは普遍的な問いだ。いまも同じことがくり返されている。では、どうしたらいいのか。緒方が手がかりにしたのは「命の記憶」だった。

不知火海《しらぬいかい》の漁師たちは、「奇病」や「伝染病」が騒がれながらも、魚を食べつづけてきた。チッソを恨むことはあっても、魚や海を恨むことはなかった。子どもが水俣病にかかっても、子を産むのをやめる者はいなかった。毒を背負って生まれてくる子も受けとめ、同じように抱き、育てた。

水俣病の患者は何人も殺されたにもかかわらず、被害者・漁民は加害者をひとりも殺さなかった。緒方は、そこに自分の命の源を見つめてきた記憶があったのではないかと問いかける。

魚を毎日たくさん獲って、それで自分たちが生き長らえる。魚によって養われ、海によって養われている。一年に二、三遍は鶏も絞めて食って、あるいは何年かに一遍は山兎でも捕まえて食っている。そういう、生き物を殺して食べて生きている。生かされているという暮らしの中で、殺生の罪深さを知っていたんじゃないかと思います。

（六八頁）

かつて漁民たちは海の潮の満ち引きとともに生きていた。満ち潮になると人が生ま

れ、引き潮になると人が亡くなるといわれていた。そこには海と人とが心を通わせ、言葉を交わし合う世界があった。

家の下のところの、満ち潮のときは海水がひたってきて、引き潮のときに洗うように帰っていくのを見ていると、〝元の海のところまで行きたいんだ〟という潮の意志、海の意志みたいなものを感じるんです。〝ここまでは人間たちのものじゃなくて、海のものだったんだ〟という、何か意志めいたもの。これはすごいなあと思うですねえ。（一八一頁）

問題の本質は、認定や補償ではない。世界に生かされて生きている。命がさまざまな命とつながって生きている。それを身近に感じられる世界が壊され、命のつながりが断ち切られた。水俣の漁民や被害者たちの「闘《たたか》い」は、この尊《とうと》い命のつらなる世界に一緒に生きていこうという、あらゆる者たちへの呼びかけだったのだ。

制度化された空疎《くうそ》な「責任」が垂《た》れ流される時代に、緒方が投げかける言葉は私たちの胸を鋭《するど》くえぐる。

四、

まじわる

親父が寝ている姿というのはろくろく見てないんです。俺が小便で目を覚ますような時に見るといつも起きている。そして囲炉裏端に坐ってじっと考えている。いつも考えているんです。あした、あさってのことは言うに及ばず、十年先、いや、もしかしたらもっと先のことまで考えっとですよ。囲炉裏端でそうやって、毎日のように。

（緒方正人・辻信一『常世の舟を漕ぎて　熟成版』ゆっくり小文庫、二八頁）

緒方正人の語りを文化人類学者の辻信一《つじしんいち》がまとめた『常世の舟を漕ぎて』から。漁師である父親、福松の姿がひときわ印象深い。口数は少ないが、言葉を口にすれば「意味がいっぱい詰まっている」。咳払《せきばら》いひとつで、みながしーんと黙る。一八人いた子どもの末っ子だった幼い緒方も、その威厳のある言葉には魂《たましい》があったと感じていた。

福松は、漁に行くことを「魂くらべ」といった。ボラがたくさん飛んでいても、とれなかったら、「今日はイヲ〔魚〕に魂負けした」と。囲炉裏端《いろりばた》に座り、海を見ながら、魚の世界と波長をどうやってあわせるか、考えるのではなく、じっと「読み解きをしていた」。

囲炉裏に向かう親父は、目の前に何かをイメージしていたようなんです。考えるというよりは、感じとる。これはまだ我々にも少しは残っているんです。考えてイヲを捕るということも、それはできる。でもそれとは別に「感じる」ということが確かにあるんですね。この力が明治の人たちには特に強かったと思う。

（三三頁）

網《あみ》を破ることを網が「けがした」、舟に水が溜《た》まることを「垢《あか》が溜まった」といった。漁の道具を命をもった生き物のようにとらえていたのだ。時代が変わると、その「魂」が抜けていく。読み解くのではなく、機械を使って無理に魚をとろうとする。潮の満ち引きも、その場所ごとに複雑な潮の動きを読み解いていたのが、新聞や潮見表に頼るようになる。

小学校に入ってすぐ母を亡くした福松は、二年生で小学校をやめ、八歳で働きに出た。金になるからと朝鮮半島まで櫓《ろ》を漕《こ》ぎ、帆をかけて、星で方向を見定めながら漁に行ったこともあった。人一倍、仕事には厳しかった。そしてだれにも負けなかった。

毎年、漁協で一番多くの漁獲のあった福松は、苦労して網元にまでなった。多いときは三〇～四〇人の網子《あみこ》が働きに来ていた。奉公人として住みこむ者もいた。知的障害をもつ者も、在日朝鮮人もいた。そんな人たちが仲間にからかわれたりすると、烈《れっ》火《か》のごとく怒り、いじめられないよう気を配った。それで、よそでは働けない人も集まってきた。

そんな父親が、あるとき急に元気をなくす。一九五九（昭和三十四）年九月、片方の草履《ぞうり》が脱げたまま庭を歩きながら、つぶやいた。「どげんわけか気分が悪か」。手がしびれ、歩くときもふらついた。近所でも最初の「発病」だった。わずか二カ月後、福松は死去する。同じ年に生まれた兄の娘も胎児性の水俣病だった。両親も含め、兄姉の八人が水俣病の認定を受けた。

緒方自身は、一九八五（昭和六十）年、水俣病の運動から離れ、九月に認定申請患者協議会の会長を辞めた直後から、「狂い」はじめる（三、いのち）。十二月、認定申請をとり下げるために、熊本県庁にひとりで向かった。三、四人で対応した職員に

「とり下げ書」を手渡した。内容は「おまえたちには愛想が尽きて、もうおのれ自身で認定するしかないと悟った」というもの。

一、二時間、話をするうちに打ち解けはじめた。「あんたたち、俺が水俣病患者だと思うか？」と訊くと、「思います」と答える。みんなで笑ってしまう。

あの時は痛快だったなあ。おまえたちを超えたぞ、という気持ちだった。向こうにしてみれば、俺がとり下げたことは都合のいいことにもみえたはずなんですが、「勝った」という感じではなかった。むしろ彼らの顔には、今まで見せたことのない限界の表情が現れていた。それも、役人としてではなく、個人としての限界の表情。〔中略〕俺が、水俣病患者という集団の一員ではなくて「緒方正人」という個に戻ってしまっていたものだから、相手は役人面をすることもできなくて、自分の個としての顔ってどんなだったかな、と探しているような感じでした。

（一四五－一四六頁）

翌年、チッソに向けて「問いかけの書」を出した。いちおう返事らしきものが返っ

てきたが、返事になっていなかった。そして彼自身もほとんど目にしたことのなかった「木の舟」をつくり、それを漕いでチッソに行き、身を晒《さら》そうと考えた。化学工場であるチッソがつくりだすプラスチックではだめだった。

一九八七（昭和六十二）年五月。運よく見つかった船大工に依頼した舟ができあがり、舟下ろしの祝いをした。名前は決めていた。石牟礼道子に舟の名を書いてもらった。そのときの様子を、本書に序文を寄せた石牟礼は次のようにつづる。


海の上の溶けないゴミとしての船、とは言っても、その船でなければ現実の漁は成り立たなくなっているのだろうが、強化プラスチック船より効率の低い木の舟を、わざわざつくるという気持は痛いほどわかった。木の舟に乗らなければ、たどりつけない所があるというわけだろう。

「常世《とこよ》の舟、ち、書いてもらえんですか」

ああそこへゆきたいのかと納得した。一族全て、死神たちの世界に引きずりこまれてきた人なのである。

（五頁）

舟下ろしの祝いに招かれ、舟に乗るように声をかけられた石牟礼は、ためらいながらも舟に乗りこむ。

舳先《へさき》が潮に漬かると、黄金色の糸が四方にぱっと散るように、波がゆれて広がった。海にさし出た丘の、椎《しい》の群落が、重厚な光芒《こうぼう》を四方に放っていた。

常世とはいったいどこだろう。よりよい世界への、よみがえりのイメージが永遠に漂っているところ、草木のあかりに灯し出されて、ほの明るいような死のあるところ。大丈夫、正人さんはそこから帰ってくる。（六頁）

十二月、チッソから直線距離で一〇キロあまり離れた芦北町女島《あしきたまちめしま》の自宅前から、緒方は船を漕ぎだす。ほどよい東風《こち》にのってたどりついたのは、灰色の工場群と煙突が立ち並ぶ水俣の町。舟をつけた丸島漁港は水銀ヘドロの浚渫《しゅんせつ》工事の最中だった。用意しておいたリヤカーに七輪やムシロ、焼酎をのせて、チッソの正門に向かう。
「こんちは。女島の緒方ですが、水俣病んこつで門前に座りますけん」と守衛所に挨《あい》拶《さつ》する。慌てて課長だとか部長だとかが出てきてなかに入るよううながす。緒方は

「なんも心配せんでよかけん」と答えて、用意したムシロに黒と赤の塗料で、「チッソの衆よ」、「被害民の衆よ」、「世の衆よ」と呼びかけの文章をつづった。そこに父親、福松の写真を置いた。

巡回中の五十歳くらいの警官が来た。「何も要求しとらんとですたい」というと、びっくりした顔をする。三十分ほど話しこんだ。ムシロの字をしっかり読んだ彼から、帰り際《ぎわ》に「頑張ってください」と声をかけられ、今度は逮捕覚悟だった緒方が驚く。

七輪で魚を焼きはじめると、最初に来たのは一匹の猫。魚をあげると、一時間くらいじっとそばに座っていた。「あれが仁義のきり方っていうもんでしょうね」。孤独な闘いをしていた緒方は、涙が出るほどうれしかった。

そうやって何度か通ううちに、いろんな人が来るようになった。学校帰りの子どもたちも来て、だれよりも真剣に呼びかけ文を読んでくれた。はっと気づかされて、さっそく白い布に「こどもたちへ」というメッセージを書いた。

チッソの職員が挨拶をしてくれることもあった。でもそんな人でも、同僚と一緒に出てくると、よそよそしい態度に変わった。そんな彼らの姿を緒方はじっと観察する。

「足半《あしなか》」という昔の草履をつくっていると、「私にも作ってください」といってくる人もいた。「おっどんが若っか頃はこん足半ばっかりじゃったがなあ」と懐かしそうに声をかけてきたり、「ここん、かかとんところはな、こげんして」と助言したりする年配の人もいた。

緒方は、チッソに通いつづけた。交通妨害するわけでも、拡声器でわめくわけでもない。門の前で魚を焼いて焼酎を飲み、「あんたも飲んでいかんかな」と声をかける。「そげんこして、何なっとな」などともいわれた。でも、緒方には何をどうしようという気持ちはなかった。ただ朝から夕方までチッソの前でひたすらその身を晒した。

翌年五月に「もう終わりにする」とチッソに伝えると、職員はほっとした表情で「正直言って、非常に困りました」といった。集団交渉なら企業としてどう対応すればいいか、定まっている。でも緒方は、その企業と患者団体との対決という構図を崩した。ひとりの人間として対面することを選んだ。企業の歯車としての対応にしか慣れていなかった職員たちは、個人として交流せざるをえない舞台に引きずりだされ、困惑したのだ。

物事を善と悪、敵と味方に分け、自分を正義のほうにおいて語る。緒方は、運動のなかで、その思考や態度の限界に気づいていた。そしてひとりの人間としての交わりを回復しようと身を晒す道を選んだ。

緒方の姿を目にした者は、やがて自分が頑《かたく》なに守ろうとしているものの空虚さに、そこから一歩踏みだせば、所詮《しょせん》、みな弱き存在でしかないことに、気づかされるのだ。

食糧援助を受けとるために土地改良の労働奉仕に従事する人たち（アムハラ州）

クリスマスにエチオピア正教の教会を訪れ、供物を捧げて祈る女性たち（アムハラ州）

ため池づくりの労働奉仕で土を掘り起こす女性たち（アムハラ州）

収穫したトウモロコシを袋詰めしてロバで運ぶ（オロミア州）

五、

うつろう

明治になって政府が、〔草切り場だった山を〕一人一人に割ってくれたそうですたい。それでみんな開墾してカライモを一年か二年か作りましたところが、税金をかけたて。ただで作ってよかっじゃろうて思っとったところに、税金が来たもんだから、みんなびっくりして戻してしまったそうです。〔中略〕政府の税金はだんだん高うなってな。百姓は、税金分の作物を作りださん。それで、酒一升でも二升でもつけて、「田圃もろうてくれろ」て頼んで回りよったそうです。

（岡本達明・松崎次夫編『聞書 水俣民衆史一 明治の村』草風館、五三－五四頁）

一九七一（昭和四十六）年から約二十年かけて、のべ約四〇〇人もの水俣の人びとの聞き書きを収録した『聞書 水俣民衆史』全五巻。第一巻「明治の村」では、幕末から明治にかけての村の姿が古老たちの語りから浮かび上がってくる。その生々しい民の声には圧倒される。

水俣は、江戸時代、肥後と薩摩との藩境にあたり、軍事的な要衝《ようしょう》だった。藩境警備のための地侍《じざむらい》も多かった。一八七七（明治十）年の西南の役《えき》では、一週間にわたって官軍と敗走する薩軍との激戦地となった。

ばあさんが嫁入って来たときは、明治の前やってな。ばあさんは士族の家から来て、じいさんは百姓やったったい。それでばあさんだけ傘さして歩きよらったて。じいさんは傘さしちゃならんかったて。百姓は、下駄と草履ははいてよかったが、傘はだめ。羽織はいいけど、絹の着物はだめ。舟津《ふなつ》の漁師、水夫の衆は、絹の着物を着てもいいけど、下駄、草履はだめやったてな。それではだしで歩かんばいかんとやったて。

（四〇頁）

しかし「御一新」によって侍の時代が終わり、一時、開放的な雰囲気が広がった。百姓も苗字《みようじ》をもつことが許された。庄屋が「わっ共《どん》〔おまえたち〕にも苗字をくれるけん、判〔印鑑〕を彫って来え」というと、村の衆は大根やカライモに彫っていった。「わっ共のは腐れてしまう」と怒った庄屋が判をついてみると、字が反対になっている。たったひとり、大工をしていた男が木に正しく「緒方」と彫っていた。庄屋が「みんなこの緒方て苗字にしろ」というので、野川村は全員の姓が「緒方」になった。

判がいるときは、みんな大工に借りにいった。肩に担《かつ》ぐほどの太い木に彫られた判だった。

一方で、あらたな規制もはじまった。かつて夏の農作業のとき、女性でも腰巻きだけをして、上半身裸なのがふつうだった。それが明治になり、巡査が見回りにくるので、着物を着るようになった。近代化のなかで、古い習慣がことごとく否定されはじめた。焼酎も自分たちでカライモや米から蒸留して自由に飲んでいたのが禁止された。煙草も勝手につくって吸っていたのが、すべて買わなければならなくなった。いずれも酒や煙草から「税」をとるための国策だった。

一八七三(明治六)年から一八八一(明治十四)年にかけて地租改正《ちそかいせい》による税制度の改革が行われ、税の金納がはじまった。水俣では、そのお金を稼ぐ仕事(銭取《ぜに》り)自体がほとんどなかった。多くの百姓は金貸しに借金するしかなかった。

稼ぎがないから、村にある銭は僅かなもんやった。それで銭持っとる者が金貸しして、ほくそん(ぼろくそ)肥えたったい。五円の銭を借ろうとしても、ただじゃ貸さんとたい。担保入れなければな。担保は田の畑の山のて

な。そして期限に納めきらなければ、担保引き上げ方たい。（五八頁）

多くの百姓が借金の担保に田畑や山をとられ、金貸しが大地主へと成長していく。村の者はだれもが金貸しの小作になり、得米《とくまい》（小作米）を納めなければならなくなった。不作で得米を納められないと、また山などの土地を奪われた。

そうして、金貸しがみんな得米取り（地主）になってしもうた。〔中略〕百姓で自分の田圃持っとる者は、もう僅かなもんやった。〔中略〕得米取りは銀《ぎん》主《し》どんていいよった。〔中略〕水俣の者は、銀主どんを親方親方ていうて奉っとったっじゃもん。百姓はどこも萱屋やったが、陣ノ町の銀主組は瓦屋やった。（六一頁）

地主に収穫の三分の二を納め、小作は三分の一しか手元に残らなかった。もともと山並みが海に迫って土地の狭い水俣は、田畑の面積も小さかった。山の畑にカライモや麦、粟《あわ》などを育ててしのいでいた。それらの土地の多くも、もうひとりの大地主の土地だった。

水俣には、昔から「ごないか〔御領家〕」というてな、もう一人大地主が居られたっじゃもんな。〔熊本藩主の〕細川さんたい。水俣の丘陵地帯は、ごないか畑というてぜーんぶ細川さんのハゼ山でしたもんな。〔中略〕百姓はごないか畑の下作《したさく》をして、〔ロウソクの蠟《ろう》をとる〕ハゼの実で上納を納めよったんです。わしの親父の代から、そのまたずっと昔からな。水俣には、ごないか畑の他にゃほとんど畑はありませんでな。水俣の百姓は、田圃は銀主から借りて作る、畑はごないか畑を作るして、暮らして来たんです。（七八－七九頁）

一八九七（明治三十）年に、ハゼの実から蠟をとる仕事は「肥後製蠟会社」という会社の事業に変わる。熊本から派遣されてきた「役人」は、畑の土地にもっとハゼの木を植えろと厳しく命じた。ハゼの木のあいだにカライモなどを育てて食料を確保していた人びとは困窮する。

ハゼの木がうんと茂ってきて、畑の下作ができんようになった。ハゼの木が茂れば影になるし、その影の分だけ根張りがいくんです。根張りで水分を取ってしまう。カライモでも赤くなってしまいますもん。粟はもうパタッとできんです。麦は冬の作だから、ハゼの葉が落ちて、畑の真ん中もハゼの木の下もできます。できますばってん、木の下の実は、小もう（小さく）なってしまいますもん。

（八〇頁）

海に近い平地部の「町うち」の百姓にとっては、江戸時代から唯一《ゆいいつ》の銭取り仕事が塩田での労働だった。女性も子どもも、年中、塩田に通って重労働をつづけた。

塩浜ははだしで入らんばいかんとですたい。もう足の裏は焼けて固くなって、少々ツン貫《ぬか》かっても〔突き刺さっても〕分からんですもん。手はエチオピヤ人とひとつですたい。鍬とかモッコ〔運搬道具〕とか使うから握りだこができて、木綿針突きさしたっちゃ、何のこたなかですもんな。天気さえよければ、肩から担ぎ棒が外れる日は一日もなかったっです。

（一二三頁）

炎天下の過酷な労働で「エチオピヤ人」のように真っ黒に日焼けし、手足の皮も分厚く硬くなった。この塩田《えんでん》でつくられた塩も、政府による専売局の設置で自由に販売できなくなった。そして一九一〇（明治四十三）年に水俣の塩田廃止が決定される。すでに水俣に進出していた「日本窒素肥料株式会社」（チッソ）が工場を拡大したのが、この広大な塩田跡だ。水俣工場で硫安《りゅうあん》の製造が開始され、工場排水のヘドロが不知火海に流されたのは塩田廃止からわずか四年後のことだった。

お金を稼ぐために労働する。いまではあたりまえのことだが、かつてそれはかならずしも「あたりまえ」ではなかった。近代国家の税制や産業振興のなかで、民衆が生産のための田畑や山を失い、「銭取り」の労働を強いられるようになった。それが国の発展だとされた。だが人びとは自分たちの手で生き抜く手段や知恵を奪われ、国や企業に頼るしかなくなる。「生きる」の主語が国家におきかわった。

小さき者たちの暮らしの移ろいのなかに、いまなぜこのような世界に私たちが生きているのか、その問題の根が見えてくる。

六、

かかわる

大正の中頃から昭和のはじめ頃というのは、奇妙な時代やったなぁ。村の持っとる所が、神経〔病〕みたいに、金使い始めたもんなぁ。〔中略〕〇〇さんは、町から芸者を家に連れて来て、一日越しに散財やりよったで。芸者が、島田結って踊るもんやっで、珍しかったいなぁ。部落の者は、全部見に行きよったっじゃっで。老いも若きも全部。

（岡本達明・松崎次夫編『聞書 水俣民衆史三 村の崩壊』草風館、八五頁）

「五、うつろう」で紹介した『聞書 水俣民衆史』の第三巻「村の崩壊」から。もともと裕福だった士族や庄屋の家にくわえ、百姓から借金のカタに土地を手に入れて大地主となった新興富裕層の没落がはじまる。編者たちは、そこに「放蕩狂時代」という見出しをつけている。

水俣川のほとりの「大園《うぞん》の塘《とも》」には、たくさんの「女郎屋」が立ち並ぶようになっていた。毎晩のように、そこで庶民から集められた「財産」が消えていった。それは、貨幣経済のなかで、山や畑などの土地が百姓たちの手から離れ、容易に現金に替えられるようになった時代のひとつの帰結でもあった。

現金があるとなると、今度は、必ず使わせる人間が出て来っとな。おだててな。いっしょについて行って、遊ぶ人間がな。財産処分した金に、人がたかってきたわけ。親父は、若い頃は酒を飲まなかったていうばってん、さあ酒は飲む、女は買うで遊びだした。親父が、芸者上げて、ビール瓶並べて、飲んどる写真が残っとるよ。〔家屋敷を手放して得た〕二五〇〇円は、誘い水になったっじゃろ。それから次々、田圃、山、て売り飛ばした。最後には、おふくろの弟の保証かぶりをして、引っ越した家まで打ち売って、昭和一〇年には、ようと元無しになってしまった。まこてー、おちぶれたもんやった。

（九二－九三頁）

こうして多くの地主たちが財産を失い、没落していった。ある者は、道楽に大枚《たいまい》をつぎこみ、ある者は新規事業に失敗して、家屋敷を売り払った。広大な土地に洋館や馬小屋などが建ち並ぶ家屋敷を失い、薄汚い鶏小屋で晩年を過ごした「旦那《だんな》さん」もいた。最期を知る人は、次のように語る。

死なしたときは、病気せずにおって、寝たまま、死んどりなったっです。よかったです。もう終戦後でした。〔中略〕部落の人たちが、お通夜に来てくれなったばってん、もう寒うしてたまらんとですたい。それで、部落の人たちに頼んで、あるだけ庭筵《にわむしろ》を運んで来てもろうて、周りの金網に、吊り下げてしもうたです。火を焚くといっても、薪物一本ないでしょうが。「火でも焚かにゃ、どもこも、居りゃならんばい。みんな、薪物持って来てくれんな」また、薪物担いで来てもろうてな。そしてから、お茶汲みするてしても、旦那さんと〔妻の〕オトクさんのお茶茶碗が、二つあるだけでしょうが。お茶茶碗も、私の家のを、持って行ってな、「こりゃもう、ここに置いとってよかで。旦那さんに香典じゃ」ていうてな。何もかも、そげんしてお通夜したっですばい。

（一二三頁）

折しも大正から昭和にかけての一九二〇年代は、第一次世界大戦後の戦後不況から世界恐慌のあおりをうけた昭和恐慌へと不景気が日本全体を覆《おお》っていた。水俣に工場を建てた日本窒素肥料株式会社も、一部の工場を閉鎖売却し、生産を縮小して主力を植民地の朝鮮半島に移した。それで大量の失業者が出た。

食い詰めた者を救済する施設も、行政サービスもなかった。生活のための職や土地を奪われ、住む家を手放せば、流浪《るろう》するほかない。水俣にはたくさんの「勧進《かんじん》（物乞い）」が河原などに棲《す》んでいた。一九一九（大正八）年生まれの男性は、こう述懐する。

橋の左右は、草っ原みたいな河原やった。橋の下には、勧進小屋が、かかっとった。河原にも、いまの団地みたいに、ずっと勧進小屋ができとった。夕方になれば、小屋小屋から煙が出てな。俺共《おつど》が子供の頃は、水俣中の河原という河原、橋という橋の下には、どこでもそげんして、勧進共が住みついとったっじゃろ。寒くなれば、居らんようになり、暖かくなれば、またやって来る。

（一八二頁）

「勧進」のなかには、その名をだれもが知るような有名人もいた。馬場という部落の

河原には「塘《とう》の外の三五郎どん」と呼ばれた者がいた。「熊本県葦北郡水俣町馬場河原　三五郎どん」で手紙が届くといわれた。三五郎どんは「ライ病〔ハンセン病〕」だった。二人の兄弟と一緒に暮らしていたが、兄弟が相次《あいつ》いで自殺する。その後、三五郎どんも姿を見せなくなった。堤防の下の「勧進部落」は汽車の車窓から丸見えだった。やがて「見苦しい、町の体面にかかわる」と警察によって撤去させられた。

流浪の民のなかには、精神を病む者も少なくなかった。「神経どん」といわれ、それぞれに愛称をつけられ、笑われたり、いたずらされたりしながらも、町のなかでひときわ存在感を放っていた。

勧進だけじゃない、わしたちの子供の頃は、神経どんもうんと居らったで。丸島には、〈犬の子節ちゃん〉とか、〈船津の八重ちゃん〉とか、〈小田代勧進〉とか、よう来よったもんな。犬の子節ちゃんは、赤子を亡くして、神経にならったという話やった。頭は乱暴にして、子犬を二匹も三匹も、懐に入れて歩きよった。その犬の子に、わが乳を飲ませるもんやっで、乳首は犬の子が吸って、まこてー、こげん腫れとった。船津の八重ちゃんて、大きな女

の、やっぱり頭がおかしかった。「唄を歌わんかい」ていえば、同じ唄を何回でも歌わった。「同じ唄ばかり聞くのも、きつかねぇ」ていいよったったい。小田代勧進というのは、もうよかばあさんで、「何でもいいからくれろ。飯食わせろ」ていいよった。ふゆじ（怠け者）じゃいよ、神経じゃいよ。

（一八九―一九〇頁）

いまも精神を病む人はたくさんいる。なのに、じっさいに町で出会うことは少ない。日本は世界的にも精神病患者の長期入院が突出して多い。かつては否《いや》が応《おう》でも、そうした人びととのかかわり合いが路上にあふれていた。彼らも、そのかかわりのなかで、かろうじて生きることができた。

子どもたちにとっても「普通」とは違う人びとがいる光景は、あたりまえの日常だった。

水俣弁で「アチャ（＝聾唖《ろうあ》）」と呼ばれた女性がいた。親子三人で墓所のなかの小屋で暮らしていた。アチャの息子、「兄《あん》ちゃん」とほぼ同い年だった男性は、その思い出を語っている。

アチャと兄ちゃんは、もらいに出るとき、いつも僕の家の前を通って行く。自然と家に寄って行くようになったんな。うちのおふくろは、「寄って行かんな」ていうふう。親父は〔鹿児島の〕長島者で人のよかったけん、「よかよか、上がれ。お茶でも飲んで行け」ていうふう。家には、昔のしきたりで、便所の横に、柿と枇杷と南天が植えてあった。枇杷がなったとき、兄ちゃんが、「おばちゃん、食べていい?」ていったら、おふくろは、「木に登って全部ちぎってしまえ」ていうた。喜んでなぁ。原種の枇杷で、小さな実やった。そんなわけで、兄ちゃんと僕は、友達になったんな。（一九七頁）

アチャは、ものもらいするだけでなく、いくらかもろうて洗濯仕事したりして、夕方墓場に戻るときもあった。アチャは、うりざね顔のほっそりした人で、うちのおっ母さんよりきれい、て思うたこともある。一度僕が転んで泣いとったら、メンソレータムを出して塗ってくれた。継ぎはぎだらけの尻切れ半纏《はんてん》を着とったな。垢まみれじゃなかった。兄ちゃんのみなりは、普通の子とあまり変わらんかった。〔中略〕僕が、昭和二〇年一〇月復員して戻って来たら、兄ちゃんは兵隊に取られて戦死してしもうとった。お国というのは、勧進の子も忘れんとじゃな、て思った。（一九八―一九九頁）

小さき者たちは、けっして弱き者の均質な集団ではない。ある者は成り上がり、ある者は落ちぶれる。壮健《そうけん》に生きる者もいれば、心を病む者も、身体に障害をもつ者もいる。傷つけ合い、たかり合い、足を引っ張り合いながらも、ときに肩を寄せ合い、意識し合いながら、隣人として生きてきた。

たぶん「寛容」ではない。「共生」とも違う。拒絶したくても、手を差し伸べる羽目《はめ》になる。見たくなくても、出会ってしまう。そんな距離感のなかで小さき者たちは隣り合って暮らしていた。

その「距離」には、現代の福祉社会が克服できたことも、そこから抜け落ちてしまったことも、ともにあるように思う。

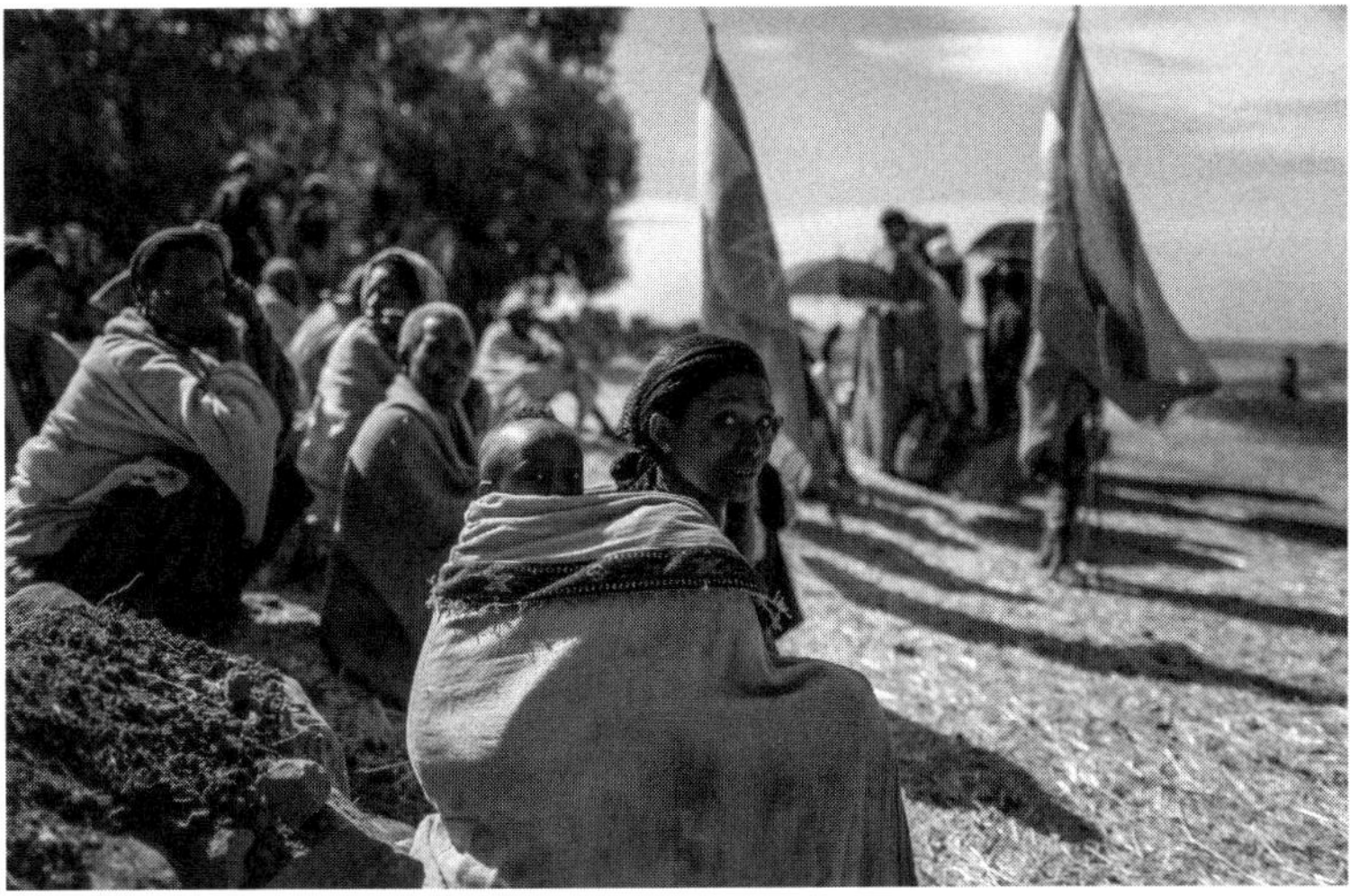

労働奉仕を推進する行政主催のイベントに参加する人たち（アムハラ州）

七、

うえとした

わしたちが感心したのは、年寄たちの居眠りの上手なことです。椅子に坐って腕組みしたまま眠ってる。ちょっと見れば何か考えとるようにしか見えんもん。わしたちは、うつ伏せにならんと、寝きらんもんなぁ。組長になれば、もう狸です。何かあって、組長の所に走って行くでしょう。すぐ返事をしないときは、寝てるときです。

(岡本達明・松崎次夫編『聞書 水俣民衆史四 合成化学工場と職工』草風館、六九頁)

一九二六(大正十五)年、水俣にアンモニア合成工場が建設される。もともと百姓として暮らし、ほとんど文字も読めなかった人びとが工場労働に従事しはじめる。水俣のなかに「工場」というあらたな生活世界があらわれた。冒頭の言葉は、一九三五(昭和十)年に合成工場で働きはじめた男性の語りから。

明治末に水俣につくられた石灰窒素肥料工場の仕事は単純な肉体労働で、労働者たちはみな牛馬同然に扱われていた。ところが最新の技術を導入したアンモニア合成工場は違った。秘密工場だったこともあり、ほとんどの職工には装置や技術のことは教えられなかった。一部の幹部職工には特別な教育が施《ほどこ》され、優秀な者は「係員」となった。少数の大学や高専卒の技術者たちも採用され、技術開発に明け暮れた。工場のなかに歴然とした上下関係が生まれた。

年寄たちは、上の者に卑屈だった。上の者のいうことは御無理ごもっとも、何でもおっしゃる通り。何をせろといわれれば、ハイてやる。その頃は、上の者に口答えでもすれば、お前は明日から出て来るな、という空気だったですもん。職工は馬鹿にならんといけなかった。〔中略〕上の者が見とる所じゃ一生懸命やる。やるふりをするのか知らんが、やる。上の者が居らん所なら、なるたけ楽をしようというふうだった。また、半農半工で家で百姓しとるという人は、そうでもしなければ身体がきついですもんなぁ。（七〇頁）

現場の職工たちの労働環境は過酷《かこく》だった。とくに昭和に入って工業化が進められたアセトアルデヒドをつくる酢酸工場は「地獄」といわれていた。触媒《しょくばい》の酸化水銀から金属水銀が生まれ、工場排水で流されるようになった。

わしは、「裸で仕事できればねぇ」と思っとりました。作業着が硫酸でやられて、すぐボロボロになるんです。それ、会社は、作業着を支給してくれんとですけん。わが手出しで買わんばいかんとですけん。わしは、酢酸〔工場〕に入って、町の衣料店から作業着を掛けで買うた。上着が一円二〇銭、ズボンが八五銭でした。ところが、運転に入ったら、たった一日でボロボロですよ。出たり出なかったりで、一日九〇銭の日給も、ろくにもらわんのにですね。

（九三頁）

精溜塔をはぐってみると、各段プレートに金属水銀が、何十キログラムて溜まっとるんです。プレートを、チェーンブロックで吊り上げて、水銀回収作業してきて、控所で飯を食うでしょう。髪の毛をちょっと触ると、弁当箱の中に水銀が、パラパラ落ちてきよった。〔中略〕作業日誌を書く机が、現場にあるでしょう。板の隙間には、金属水銀がビッシリ詰まっとる、インク壺の箱の中にもいっぱい入っとるというふうだった。

（一〇六－一〇七頁）

不況の就職難の時代に、若い者が次々と辞めていった。血を吐いたり、胸をやられたりして病気になる者があとを絶たなかった。急死する若者もいた。それでも「会社」は生産拡大を急いだ。労働者の代わりはいくらでもいた。

一九二七（昭和二）年には、朝鮮半島北部の興南《こうなん》に水俣で開発された合成技術をもとに、巨大工場の建設がはじまった。「興南工場の赤字も、水俣の酢酸で負担しとるんだ。だから君たちは、一生懸命やって、生産能率を上げにゃいかんのだ」。労働者たちはそうはっぱをかけられていた。

死ぬ危険があるということは、第一条件で会社がいうとるんですからな。機械買うより、設備をよくするより、人間殺した方が安い。人間が死んでも、屁とも思っとりゃせんですよ。兵隊に取るには、一銭五厘の葉書代がいる。会社は、その葉書代もいらなかった。死んだ代わりは、募集しさえすりゃ、「私をどうぞ入れて下さい」て何百人て来る。「給料は、いくらでもよございます」という時代ですからな。

（一一二－一一三頁）

職工から労働条件を改善してくれと要求することなど不可能だった。「貴様ッ、命をはめて〔かけて〕やるといったじゃないか。このくらい何かッ!」といわれれば、どうすることもできなかった。下っ端の職工たちはだれもが、つねに死の危険を感じながら働いていた。一方、地位のある者たちには「特権」があった。水俣の工場には、工場長の下に課長と主任、各係の係長がいて、その下に係員と組長がいた。とくに係長には、昇給の査定権はもちろん、職工の採用や罷免《ひめん》の権利すらあった。

工作係長はイガどんというあだ名でな、名前の通りイガみたいな奴でろくな奴じゃなかった。奥さんがな、「お父さん。お砂糖がなくなりましたよ。卵がもうありませんよ」ていう。翌日、昼休み前とか定時前とか、現場を回って歩く。工作には何百人て職人が居ったんじゃから、文句つけようと思えば、何かあるもんな。事務所に帰って組長を呼びつける。「○○は仕事中に煙草吸っとったぞ」「△△は時間前に手を洗っとったぞ」〔中略〕組長からいわれた職人は、製缶の組長の所に、飛んで行くもんな。この二人が工作の顔役で、査定係たい。話を聞いて、「うん、そりゃ砂糖一斤」「うん、そりゃ卵二〇ヶ」て決めてくれる。〔中略〕いわれた通りの品物を持って、その晩係長の社宅にあやまりに行く。〔中略〕イガどんは、職人が帰ってから、奥さんにいうわけ。「ほう、砂糖が歩いて来たよ。卵が歩いて来たよ」て。

（二二三―二二四頁）

「昔の係長ていや、天皇陛下、殿さんやった」。女性事務員に片っ端から手を出す係長もいた。係員以上の「社員」とそれ以下の「準社員」には、歴然とした格差があった。住む場所も、その子どもたちの様子も、まるで違った。

殿さんが腰元に手をつけるのと同じこと、係の女子はみんな自分のものと思うとったたい。また、水俣の人間があんまりヘイコラヘイコラするもんだから、あ奴共のぼせ上がってしまったっじゃもんな。

（二三五頁）

社員さんたちの住んでる陣内社宅といえば、特権階級の城郭やった。〔中略〕わしたちの弁当のおかずは漬物ぐらい、〔中略〕社宅の子の弁当は違うんです。まず弁当箱とおかず入れと二つある。おかず入れには、卵焼きが入っとるもんなぁ。「ホウッ」て隣の席から覗いて見よった。サンドイッチを持って来る子も居った。いまでこそ、パンといっても見向きもせんけど、あの頃わし共びっくりしよったですもんな。

（二三六－二三七頁）

明治になり、かつての身分制度は廃止されたが、また別の階級制がはじまっていた。そして、このあらたな上下関係は、そのまま植民地朝鮮にもちこまれた。

朝鮮人とどうやって仕事するか上から指示があった。〔中略〕「朝鮮人はぼろくそ使え。朝鮮人からなめられるな」といわれた。朝鮮人は人間として見るな、人間の内に入れちゃならんぞという指示じゃ、て私はすぐ思った。水俣の日雇のとき、野口社長が、「職工は牛か馬と思って使え」といったという話を聞かされとったもんな。それと同じで、そういう腹で朝鮮人を使え、朝鮮人に情けをかけちゃだめということを、いわしたんだろうと思ったな。今度は自分が野口遵〔社長〕じゃ、てそう自分で確認したもんな。

——（岡本達明・松崎次夫編『聞書 水俣民衆史五 植民地は天国だった』草風館、九四頁）——

水俣から朝鮮半島の興南《こうなん》工場に移った日本人の職工たちは、最新式の社宅で暮らした。炊事は電熱器ばかり。トイレも水洗。冬もすべての社宅にスチームの暖房が入っていて浴衣《ゆかた》で過ごせた。それが敗戦の日からすべて一変する。工場は接収され、日本人社員は豪華な社宅から追いだされ、貧相な朝鮮人社宅へと移った。水道もなく、共同井戸。冬は氷が張った。共同のトイレは壺《つぼ》が一つ置かれただけだった。

ソ連兵が入ってくると、さらに過酷な状況に陥《おちい》った。日本人社員の妻たちは家族を守るために身を売った。男たちも朝鮮人農民の下で畑仕事や薪割《まきわ》りをし、ソ連軍の手伝いなど、なんでもした。子どもたちは残飯を集めて、生き延びた。

人間が上と下に分断される。人間以下の扱いを受けて虐《しいた》げられてきた者たちが、また別の者を人間ではないかのように虐げる。下の者は上の者を羨望《せんぼう》の眼差しで見つめ、卑屈に従う。分断を可能にした暴力とカネに欲望を掻き立てられ、そのユートピアに魅惑《みわく》される。近代の幕開けは、こうした流動的な支配関係が転がるように人びとをはかない夢へと駆り立て、社会を駆動していったのだ。

II

水俣2

八、

やまい

60年間、病気と付き合ってきたCさんが「わたしらはね、方々に謝って回らんといかんのですよ。行商だった母が、海べたから山間部に向けて、魚を売って回り水俣病をふりまいたと思うと、申し訳なくて申し訳なくて。わたしは、水俣病になることはできんと、そう思っておりました」、「病気は努力で治すと思い頑張ってきました」と言う。

（永野三智『みな、やっとの思いで坂をのぼる　水俣病患者相談のいま』ころから、四二頁）

一九七四（昭和四十九）年に全国からの寄付をもとに設立された水俣病センター相思社。本書『みな、やっとの思いで坂をのぼる』は、そこで患者相談を引き受ける永野三智《みち》の日記をもとに編まれた。水俣に生まれたことを恥じ、逃げるように故郷を離れた著者の率直な思いをつづった「まえがき」は、涙なしには読めない。

冒頭の引用は、魚の行商をしていた両親のもとで育ち、十代のころから耳鳴りや手のしびれと震えに悩まされてきた男性の言葉。十五歳で名古屋に出て溶接の仕事を覚えたが、手の震えから三十代で仕事を辞め、建設会社で働いてきた。幼いころは、売れ残った魚がすべて食卓にあがり、どんぶりいっぱいの魚を食べていた。味覚も失われ、故郷を離れてからご飯をおいしいと思ったことはない。いくつもの病院で原因不明といわれた。二〇一八（平成三十）年、東海地方で行われた水俣病の検診会場に姿をあらわした。

水俣を離れた土地にも、いまだに症状に悩まされる人びとがいる。よく物を落とす、転びやすい、味覚や嗅覚を失う、吐くほどの頭痛、めまい、耳鳴り、こむら返り、手足のしびれや震え……。人によっても違う。長いあいだ発病に気づきながら名乗りでられなかった人も多い。相思社の設立に奔走《ほんそう》した、ある八十代の女性も症状はあった。でも、チッソに勤めながら水俣病患者を支援していた夫からは「水俣病になること」に反対された。

――――

うちん人はね、自分は水俣病患者の世話ばし、掘り起こしはするくせおって、家族の水俣病は知らんぷりやったもね（五九頁）

――――

家族のあいだでも、水俣病であることを隠しつづけてきた人もいる。ある母親は、自分が水俣病だと、長年、娘に打ちあけられずにいた。娘は、結婚してすぐに家事がまったくできない状態になっていた。さまざまな症状に悩まされ、病院からは原因不明といわれつづけた。ずっとおかしいと思いながらも、自分が水俣病だと認めたくなかったという娘さんから相談を受けた著者が、母親に「娘さんとお話してみたらどうでしょうか」と提案する。母親は、こう答えた。

言えません。お互いが水俣病だなんて知ったら惨《みじ》めになるだけですもん、あの子も私も。水俣病は惨めか病気ですもん　（七二頁）

ある島では、役場や漁協が「こん島から患者ば出したらならん」といって、水俣病隠しをしていた。獲《と》った魚が売れなくなるなどの理由で、網元が「ひとりも患者を出せない」と呼びかける漁村もあった。

友人が「元気そうなのに申請するなんて、ニセ患者だ」というのを聞いて、申請できずにいた人が、症状が重くなり、悩みに悩んで相談に足を運ぶ。水俣病に対する差別意識があり、妻が相思社に相談に行ったと知ると叱りつけた男性が、人知れず耐えてきた症状が悪化し、ひっそりと相談に訪れる。

水俣病に苦しみながらも、それを自分自身で受け入れることができない。そして、水俣病ではないかと思って認定申請をしても、認められる可能性はきわめて低い。若いときから症状に苦しんできた人が認定申請に行って、「めごいねさん（魚の行商人）がたくさん魚を売りに来ていた」と告げると、県職員から「そんなのは関係ないですもんね。公的な書類が必要なんです。領収書を持ってきてください」といわれる。医者に診断書を書いてくださいと頼んでも、「かかわりたくない」といって断られる。医療費が無料になる被害者手帳を病院に見せても、「これは使えません」といわれ、手帳を発行する県に相談しても、「お医者さんがそういうなら、そうなんじゃないですか」などと対応される。

病であることの認定／未認定、補償や救済策などの制度のはざまで、人びとは大きな葛藤の渦《うず》に巻きこまれてきた。第一次訴訟で闘って認定患者となった男性は、裁判のあとに起きたことをこう振り返る。

裁判ば闘っとる時は良かった。支援の若いもんもいっぱいおって、俺も闘うぞという気持ちば持ってやりよった。ところが、裁判の終わって家に帰った

——ら、近くん衆《し》からいじめられるもいじめられる。俺だけじゃなか、子どももぞ。助けてくれる者の無か。孤独、惨めなもんたい　（八八頁）——

——俺たちばいじめた衆が、今度は俺たちば利用して水俣病になりよるがな。水俣病になるための書類（申請書類）に「漁師の○○さんに魚をもらった」「漁師の○○さんの手伝いをした」ち、俺や父ちゃんの名前ば書いて。そうして、やすやすと水俣病に認められよる。俺たちの受けた苦しみは何やったつや　（八八―八九頁）——

人びとのあいだには、よそ者には容易に想像しえない軋轢《あつれき》があった。なぜ、そのように引き裂《さ》かれなければならなかったのか。著者は、さまざまな人の声に耳を傾けていくうちに、自分までもが引き裂かれるような思いに陥る。無力さに泣きたくなることもあった。それを石牟礼道子に打ち明けると、こう言葉をかけられた。

——悶《もだ》え加勢しているのですね。昔は悶え加勢するということが、水俣ではよく——

有りよりました〔中略〕人が悶え苦しみよらすとき、あたふたとその人の前を行ったり来たり、一緒になって悶えるだけで、その人はすこし楽になる

（九一－九二頁）

国や県は、なんども水俣病の「最終解決」をはかってきた。そのひとつ、被害者手帳の申請期限を迎えた二〇一二（平成二十四）年以降も、悩み苦しみながら「やっとの思いで」相思社への坂をのぼり、相談に訪れる人はあとを絶たない。

公的な組織が終わったことにしようとする、その悲痛な声なき声を、一身に受けとめ悶えつづける小さき者が、いまも水俣の地にいる。その姿を思うと、心が震える。

ため池づくりのために谷底の河原から石を背負って運び上げる（アムハラ州）

九、

こえる

「先生、タコが木に登るとば知っとるな?」と聞かれて、私たちは目をパチクリする。話によるとタコは山モモの実が大好物で、潮が満ちた夜中に渚近くの山モモの木にタコがのそりのそりと登っていって山モモの実を食べるのだそうだ。〔中略〕疑い深い私は念のために二、三人のお年寄りに聞いてみたが、「はい、そればみた話は聞いとります」とこともなげにいう。しかし、実際にみた人にはまだ出会っていない。

（原田正純『水俣・もう一つのカルテ』新曜社、一〇一頁）

生涯をかけて水俣病の診察や患者の掘りおこしに奔走した、原田正純《まさずみ》医師の著書『水俣・もう一つのカルテ』から。不知火海沿岸や島々を訪ね歩き、症状のある人を見つけだすという、つらくたいへんな作業のなかでも、土地の人と海の幸を囲む夜の焼酎の宴《うたげ》は楽しいひとときだった。

島の人の話には、地域の風土が織りこまれている。御所浦《ごしょうら》島では、イノシシが漁師の定置網にかかる話をたびたび耳にした。対岸の芦北海岸のイノシシが不知火海を渡って島に逢《あ》い引きにきて、あやまって網にかかるというのだ。一九八七（昭和六十二）年には、四匹の親子イノシシが網にかかった。これは里帰りだったのかもしれない。島の人は、いつもおかしな話を原田に語って聞かせた。

> ネコとタコが喧嘩して、ネコがタコに海に引き込まれたのをみたという人がいる。〔中略〕その話も他の者に確かめてみたら「一度はですね、タコ壺をあげたらタコ壺の中にタコがネコを引き込んでおりまして、えらい腰を抜かしたことがありました」という答えが返ってきた。（二〇一頁）

イノシシの話は水俣のある陸側と島との距離の近さをあらわし、タコの話は島民と海との深い交流を物語っていた。ところが、この御所浦などの島々は、水俣病の汚染指定地区に入っていなかった。

原田が御所浦など広く水俣病の患者がいる可能性に言及したテレビ番組が放送されると、島民から抗議の電話がかかった。「あいつが御所浦に来たら、海に叩き込んでやる」と漁協の青年が息巻いているとも伝えられた。しかし、原田がそれをあきらかにしようと思ったきっかけは、島の漁師の一言だった。

先生！　魚は海の真ん中におるでしょうが、それば、水俣、芦北から魚とりに出てきて、とって帰ると毒になって、それば食べると水俣病になる。ばってん、同じところから魚ばとって御所浦へもって帰ると毒にはならん、どれだけ食うても水俣病にならん。それはどげん（どういう）風に説明すっとですか。（八九頁）

一九七一（昭和四十六）年から七二（昭和四十七）年にかけて、原田たち熊本大学医学部の研究班に新潟水俣病を調査していた新潟大学の医師らが参加し、第二次水俣病研究班による現地調査が行われた。医師たちが御所浦で調査をしているとき、小さな台風が来て、三日間、島に閉じこめられたことがあった。そのときの島民の様子がほほえましい。

うんざりした私たちをよそに島の人びとは大はしゃぎであった。「この島はじまって以来、こんなにたくさんの医者どんがこの島におらすとは。もう、何の病気が出ても大丈夫たい」というのである。それを聞いて、外科医や婦人科医のいないわが調査団はこの三日間、島民とは逆にはらはらのしつづけであった。

（一一五頁）

研究班が調査をはじめたところ、スタッフには心配の声があった。「御所浦には今でも夜這《よば》いがあると聞いたのですが、若い女性の助手をたくさん連れていくのですけど、大丈夫でしょうか」と。はじめは冗談だと思った原田も、島の人の話を思いだし、女性は宿の二階に寝かせることにした。

島のお年寄りに聞くと、ラジオもテレビもカラオケもない時代、電気もなくランプの時代に、若い者がうちにごろごろしていると年寄りから「若い者が何をしているか、夜這いにでも行ってこい」と叱られたという。狭い家であったから、「あれは、息子を追い出しておいて、自分たちが夫婦生活ば楽しんだとにちがいなか」とつけ加えるのを忘れない。

（一〇三頁）

この二次研究班の調査で、いままで患者がいないとされた御所浦でも、たくさんの患者が見つかった。水俣周辺にもそれまでに認定されていた以上に多くの患者がいることが公表され、第三水俣病事件と騒がれた。このとき掘りおこされた御所浦の二〇〇人が国や県を相手にした訴訟の原告団に加わった。しかし、裁判などとは無縁だった人びとが裁判でしか救済されなかったことに、原田は「ある種の寂しさと空しさを感じる」とつづる。

原田の文章には、医師として患者とかかわるだけでは見えてこない地域の人びとの姿が描かれている。それは、専門や職業の枠をこえて、ひとりの人間として人びとの声に耳を傾け、向き合ってきたからだろう。

「私の立場では話せません」、「それは私の管轄外《かんかつがい》です」、「規則で決まっているので従っているだけです」。それぞれの枠に閉じこもり、ほんとうに大切なことから目を背ける職業人があふれる世の中にあって、原田の生きざまのこもった言葉に、みずからを問いかけられる。

一〇、

うつしだす

水俣病の原因のうち、有機水銀は小なる原因であり、チッソが流したということは中なる原因であるが、大なる原因ではない。水俣病事件発生のもっとも根本的な、大なる原因は〝人を人と思わない状況〞いいかえれば人間疎外、人権無視、差別といった言葉でいいあらわされる状況の存在である。

（原田正純『水俣が映す世界』日本評論社、七頁）

原田正純医師の著書『水俣が映す世界』から。原田は「これが、一九六〇年から水俣病とつきあってきた私の結論である」と力強い言葉でつづる。原因企業のチッソも、監督指導する立場の行政も、人としての責任を果たそうとしなかった。その背景には「人を人と思わない」考え方の蔓延《まんえん》があった。

水俣では「日窒《にっちつ》（チッソ）あっての水俣」といわれつづけてきた。チッソが倒れれば、水俣が立ちゆかなくなる。そんな「神話」に多くの市民も縛《しば》られていた。

しかし状況はむしろ逆だった。一九五〇年代半ばから六〇年代にかけて、チッソの総投資額の九割は熊本県外に集中し、その六割をこえる額が水俣工場が出す利益から充当されていた。水俣市も、工場の敷地を購入してチッソに提供したり、港の改修工事の費用を負担したりしていた。現実には、水俣あってのチッソだったのだ。「会社の発展が、ひいては水俣市の発展・繁栄につながる」。こうした意識が根づくなかで、会社に楯《たて》つく者は市民に楯つく者であり、会社に不利益をもたらすことは水俣市民に対する反社会的行為だという風潮があった。

市民運動にかくれた水俣市の支配層は「明るい水俣」という名において脱水俣病を画策し、一九七一年には「患者さん、会社を粉砕して水俣に何が残ると言うのですか！」というビラを撒き、「患者のおかげで水俣市が駄目になる」というキャンペーンをはった。〔中略〕たしかに、水俣病という病名のために水俣市民が不利益をうけ、差別が増長されたことも事実である。しかし、それは病名のせいではない。むしろ、真実を覆い隠し、患者を差別してきたことのシッペ返しである。〔中略〕患者たちは水俣病の申請の手続きさえ知らされぬまま死んでいったのである。市報がはじめて水俣病認定申請手続きの方法を公報したのは、発生後一五年もたった一九七一年のことであった。（一三頁）

原田は、日窒が当時の植民地だった朝鮮半島に総督府や軍部と一体になって工場を建設した歴史を振り返る。植民地支配は、まさに差別の構造の上に成り立っていた。「七、うえとした」でもふれたように、朝鮮人工員と日本人社員とのあいだには歴然とした格差があった。水俣のなかでも、社員は工員を差別し、工員は農民や漁民を差別し、農民が漁民を差別する。原田は「差別されたものがさらにその足元に新しい差別をつくっていく差別の転嫁作用でもあった」と述べる。

はじめて原田が水俣病の多発地帯に足を踏み入れたのは、一九六一（昭和三十六）年のことだ。そのときの集落の様子が次のように描かれている。

> 家は傾き、畳やふすま、障子はみるかげもなく、家のなかはがらんとして家具もなく、貧困の極地であった。そのなかに患者は雨戸を閉じて、ひっそり隠れるように、息をひそめるように生きていたのである。〔中略〕戦後一五年経て、いまなおこのような生活があることがショックであった。（一八頁）

漁師が魚をとれなくなる。それはたちまち生活の困窮を意味した。家を訪ねると、彼らは診察を拒否した。「先生たちが調査すると、マスコミが騒ぐ。するとまた魚が売れなくなって漁民が迷惑する」というのだ。「もう、そっとしておいてください」と手をあわせんばかりに哀願する者もいた。原田は、その姿に「発病以来のすさまじい想いが秘められている」と感じる。

行政から差別され、民衆のなかでも差別される。この「二重構造による圧力」のなかで、水俣病は「貧しい漁民の病」に矮小化された。発生地域はごく狭い海岸沿いの漁村に限定され、「これ以上患者を出すな」という権力と民衆の共同戦線が被害の放置と拡大を招いた。

医学者でありながら、水俣の民衆史をひもとき、裁判のなかでいかに水俣病が表象されてきたかを丹念にたどり、九州の炭鉱事故や食品中毒事件、沖縄の海の環境汚染、世界の公害や水銀汚染の問題などを調べあげる。原田は、そこに弱き者に被害を集中させる差別の構造を見いだす。

いまから三十年以上前に出された本で問われている、まさに同じことが、いまもずっとくり返されている。そのことに愕然《がくぜん》としてしまう。

被害者救済制度や裁判外の紛争解決機関など、制度や仕組みは整ってきたように見える。それでも、こうした問題を引きおこし、覆い隠し、小さき者たちに犠牲を強いる構造は変わっていない。民衆のなかに分断が生まれ、問題が矮小化され、忘れ去られる。原田は、序章に次のように書いている。

水俣病は鏡である。この鏡は、みる人によって深くも、浅くも、平板にも立体的にもみえる。そこに、社会のしくみや政治のありよう、そして、みずからの生きざままで、あらゆるものが残酷なまでに映しだされてしまう。そのことは、はじめての人たちにとっては強烈な衝撃となり、忘れ得ないものとなる。

（三頁）

水俣をとおして先人たちが我が身を映しだし、考え抜き、闘ってきた膨大《ぼうだい》な足跡は、そのままいま私たちがこの問いにどう向き合うべきかを指し示している。大きすぎる問いを前に、だれもが途方に暮れてしまう。でも原田のような勇気ある人たちがいなかったら、患者たちはいまどうなっていたか。それを想像すると、その果敢《かかん》な一歩の尊さを痛感させられる。

朝、湖で漁に出たあと網の手入れをする少年たち（南部諸民族州）

家族写真に近所の人も加わって記念撮影（オロミア州）

近隣の人とコーヒーを飲みながら歓談する村人たち（オロミア州）

援助穀物を均等に配分する日雇い仕事で働く少女（アムハラ州）

二、ひきうける

たとえば、町を歩いていて、たまたま交通事故を目撃するじゃないですか。事故の当事者とは関係なくても、現場に居合わせた責任みたいなものを背負ってしまう。偶然でもね。〔中略〕地元の大学にいて神経学を勉強していて、しかも、それを見ちゃった。あの状態を見て、何も感じないほうがおかしい。ふつうの人は何かを感じる。もう逃れられないんじゃないですか。それこそ、見てしまった責任ですね。

（朝日新聞西部本社編『対話集　原田正純の遺言』岩波書店、二一五－二一六頁）

原田正純医師が二〇一二（平成二十四）年六月に亡くなる直前までつづけられた対話をまとめた『対話集　原田正純の遺言』より。冒頭の言葉は、石牟礼道子との対話で原田が述べたものだ。原田は、新聞に連載された対話への思いを次のように語る。

水俣病事件の初期のころから水俣と関わってきた人間が非常に減っちゃったわけです。最初から現場でうろうろしよったのは、東京大学の助手だった宇《う》井純《いじゅん》さんとか、作家の石牟礼道子さんとか、報道写真家の桑原史成《くわばらしせい》さんとかですね。だけど、宇井さんは亡くなって、当時の状況を改めて聞くことはできんようになってしまったし、患者さんたちをずっと追いかけた記録映画作家の土本典昭《つちもとのりあき》さんも亡くなった。それで、危機感みたいなものを感じて、ハッと気がついたら、「自分も年をとったな」と思ってね。病気になったせいもあるんだけど、「最初のころの患者さんたちの状況を、何とかして記録に残しておきたいな」と思ったんです。

（vi頁）

水俣病をめぐる運動では、原田や石牟礼をはじめ、多くの人がその闘争を陰で支えつづけた。一九六九（昭和四十四）年にチッソへの損害賠償を求めた第一次訴訟では、チッソの過失責任をいかに立証するか、難問に直面していた。それまでの学説や判例によれば、被害の発生について加害者に予見可能性がなければ、その責任を問えなかった。

熊本大学医学部の研究などで水俣病の原因物質と流出元が判明したのは、一九六〇年代に入ってから、それをチッソが知ったのは一九六二（昭和三十七）年から六三（昭和三十八）年にかけて、とされていた。それ以降は責任を問えたとしても、それ以前の被害についてチッソには責任がない。法的にみれば、それが常識だった。

提訴はしたものの、著名な民法学者に「勝ち目はないよ」といわれ、まったく見とおしが立たなかった。宇井や原田など、さまざまな分野の学者や市民が「水俣病研究会」をつくり、そこで日夜、議論が重ねられた。数人の法律の専門家も参加していたが、「これはとても手に負えない」と、すぐに辞めてしまう。

結局、研究会に残った法律の専門家は、熊本大学法文学部にいた富樫《とがし》貞夫、ただひとりだった。なぜ富樫だけが研究会に残ったのか。原田は「それは富樫さんのように現場に行ったか、行かんかの違いです」と述べ、富樫も「そう」と応える。

一九六八（昭和四十三）年に結成された「水俣病市民会議」の代表をつとめた日吉フミコに「まっさきに現場を見なさい」といわれた富樫は、研究会の発足直後に水俣に行き、患者やその家族と会った。

みんなが口々に、「自分たちはだれも殺していないし、だれも傷つけていない。何の落ち度もないのに、一方的に被害だけを与えられた。だれがこれだけの被害を惹き起こし、何人もの人を殺したのか。チッソでしょう？　その

チッソに何の責任もないなんて、絶対におかしい」と。ぼくは患者たちの話を聞いて、まったくそのとおりだと思ったわけ。（一八九頁）

しかし法律の世界の常識では、水俣病に対するチッソの過失責任は問えない。裁判所は、よほどのことがないかぎり、最高裁の判例や学界の通説に従う。富樫は、偶然、毒性の強い化学農薬について警告していた原子物理学者・武谷三男《たけたにみつお》の提唱する「安全性の考え方」を知り、それが水俣病裁判に使えると気づく。

この考え方は、たとえば大気中の核実験をして、その十年後に健康被害が明確になってからでは遅いので、将来にわたって無害であると証明されないかぎり、核実験をやるべきではないという「予防原則」にもとづいた考え方だった。

水俣病研究会は、この考え方をもとに『水俣病にたいする企業の責任』という大部の報告書を一年がかりで完成させた。そして富樫は、雑誌『法学セミナー』にあらたな過失理論を再整理する論考を連載した。当時の担当裁判官たちも、この連載を読んでいたようだ。

チッソ附属病院長の細川一《はじめ》医師が一九五九（昭和三十四）年時点で工場排水をネコ

に与える実験をして発病を確認していたという細川証言も加わり、一九七三（昭和四十八）年三月、熊本地裁がチッソに過失責任を認める画期的な判決へとつながった。

原田や富樫が加わった水俣病研究会には、チッソの労働者でのちに組合の委員長をつとめた山下善寛《よしひろ》や、NHK熊本放送局のアナウンサーをしていた宮澤信雄も初期メンバーとして参加していた。原田は、その研究会での経験を次のように振り返る。

われわれが教科書で知っているのは「水銀は毒である」とか、「沸点がいくら」とか、「致死量がいくら」とかですね。じゃあ、たとえば、それを労働現場で労働者がどういうふうに扱っているか。どんな形で労働者の体内に入っていくのか。労働者が病気になったとき、背景にどういう労働があるのか。まったく知らない。「自分たちがいかに無知であったか」ということを、いやというほど思い知ったんです。確かに、医学の専門家はぼくたちかもしれない。だけど、いかにわれわれが表面的なことしか知らなくて、そこからしか病気をみていないか。山下さんたちに教えられたんです。（一六六頁）

山下は、水俣病が公式に確認された一九五六（昭和三十一）年、水俣の中学を出て工員としてチッソに入り、研究室勤めになった。その研究室は、のちにチッソが水俣病の原因ではないと反論するための「マルキ研究室」（「奇病の奇にマル」にちなむ）となり、毛髪の水銀や、ネコや魚の水銀分析などをした。当初、山下もチッソが原因ではないと信じていた。あるとき薬学部出身の同僚からビーカーに抽出した水銀を見せられ、ショックを受ける。

水銀のことは、従業員にも知らされなかった。会社への不信が募《つの》るなかで、チッソは「賃上げ問題でストライキをしない代わりに、あとで他社並みに賃金をあげる」という安定賃金の提案をする。山下たちは、これは労働者の力を弱体化させる「毒饅《どくまん》頭《じゅう》だ」と、反対運動をはじめる。

そのあと、よそから来ていた大卒や高卒の会社寄りの者たちが組合から出て第二組合を結成した。地元出身者の多くは差別されていたので、第一組合に残った。会社は、切り崩しのために、第一組合の組合員を過酷な労働現場に配置換えするなど、不当な差別をつづけた。

灼熱の職場にやらされて。石灰石とコークスを千何百度の電気炉に入れてカーバイドをつくって、釜で攪拌せんといかんのです。その作業を一五分やったら四五分ぐらい休憩せんと、体力がもたん。〔中略〕三交代勤務ですので、一日に〇・五キロずつ痩せていきまして、「絶対に第二組合へは行かん」と思っているけど、「からだがもつかな」という感じだったんですね。

（二七二頁）

外国からの視察で通訳をつとめる者や工場の神様といわれた優秀な者でも、本来の仕事をさせなかったり、便所掃除や草むしり、お茶くみなどの仕事が割り当てられた。山下は「私たちへの仕打ちは、患者さんたちといっしょじゃないか」と気づき、「正しい事実を伝える必要がある」という思いで、市民会議や水俣病研究会に参加した。

第一組合は、一九六八（昭和四十三）年八月に「水俣病に対して何もしてこなかったことを恥とする」という「恥宣言」を出し、一九七〇（昭和四十五）年五月には、加害企業労働者として初の公害ストライキを決行する。会社の出した公害に組合が抗議のストライキをするなど、まさに前代未聞だった。

東京生まれの宮澤信雄が一九六七（昭和四十二）年にNHK熊本放送局に配属になったとき、水俣病はすでに終わった問題とされていた。それが一九六八（昭和四十三）年に新潟水俣病の患者が水俣を訪れ、水俣病患者家庭互助会が「政府が公害認定をしても補償の要求はしません」という申し合わせをするなど、「怪しい動きがいろいろあった」。

宇井純らの本を読んで関心をもった宮澤は、番組ディレクターと一九六八年八月にはじめて水俣を訪れ、患者家族を取材した。


互助会の申し合わせとは裏腹に、「この子たちは買い物にも行けない。将来、どうなるかわからない。ほんとうは面倒をみてもらいたい」と。〔中略〕おかあさんが「憎いのは会社だ」と言うわけですよ。たいへんな暮らしをしているのを見て、「この町には補償要求をさせない雰囲気があるんだ。水俣病は終わっていない」と、そのとき思ったんです。

（二〇六頁）

宮澤は、水俣病研究会に加わって運動を支援するかたわら、NHKのアナウンサーとしての取材もつづけていた。一九七〇（昭和四十五）年五月、補償処理委員会の斡《あっ》旋《せん》案に抗議した運動の仲間が厚生労働省に突入して逮捕されたとき、宮澤は水俣で胎児性患者の母親たちの話を聞いて回っていた。逮捕のニュースをラジオで聞いた宮澤は、「これを限りに水俣の取材と放送は降りる。支援一本にする」と心に決める。

翌日の『おはよう日本』、当時は『スタジオ一〇二』といっていましたけど、認定患者の浜元二徳さんと胎児性患者の上村智子ちゃんが熊本のスタジオへ来たんです。そう、おかあさんに抱かれて入浴するところをユージン・スミスが撮影した、あの智子ちゃんですよ。カメラの前に出てもらって、〔中略〕補償処理委員会の座長に、「この子の命が、あんな安い金で償われるんですか」と問いかけたんです。〔中略〕番組が終わってから、「この放送を最後に水俣の取材から降ろさせてもらいます」と言ったら、上司はホッとしたみたいでしたよ。

（二一〇−二一一頁）

取材しながら支援をつづけることに葛藤はあったのかと問われて、宮澤はこう答えている。

「公正中立」とはどういうことか。「加害者側の力が圧倒的に強いから、被害者側にずっと立たなければ中立にはならないぞ」と、原田先生が言うじゃない。それですよ。ぼくは「公正とか中立とか言っているけど、メディアは事態をどんどん悪くしているじゃないか」と思っていたのね。だから、「自分が行動するのはしょうがない。そうしながら、伝えるべきことは伝えるんだ」と、自分なりに結論を出して、やっていたんです。

（二一一頁）

「宮澤さんみたいに、転勤を拒否してまで水俣にこだわり続けた人は、珍しいんですよ。あの情熱、何だったんだろうね」という原田に、宮澤はいう。

やっぱり、先生といっしょですよ。ぼくは、水俣を見ちゃったんです。

（二一二頁）

石牟礼の「報道に携わるみなさんはものすごく忘れっぽい」という言葉への宮澤の応答は、いまも重く響く。

要するに、ひとりの人間がずっと追い続ける、ということがないんです。〔中略〕事件そのものの経過なり、問題点を一貫して追い続けないと。これはやっぱり個人なのよ。属人的な問題なの。仮に組織として、NHKの熊本なり、水俣なりに水俣班があったとしても、構成員が替われば、結局、一貫できないということがありますね。〔中略〕ぼくは、たったひとりでもいいと思うんです。そうすると、周りの人が聞いたり、学んだりする。(二一四頁)

患者運動の先頭に立ち、ひとりで潜在患者を探しだして原田を各地に連れ回った川本輝夫《てるお》の存在の大きさにふれながら、原田はこう述べている。

――ぼくの経験では、歴史を動かすのは多数派じゃないんです。ほんとうに志の

——ある何人かですね。（一四六－一四七頁）——

多言はいらない。この対話集は、世の中がどうやったらましな場所になるのか、ひとつの可能性を浮き彫りにしている。かならずしも大きな組織的な動きが社会を変えていくわけではない。それは日々のなかで、一人ひとりが目のあたりにした状況にどう応答し、いかにその責任を引き受けるのかにかかっている。

水俣に出会い、患者たちに出会ってしまった者たちが、自分の立場や職業をこえて集まり、人生を賭けて闘いに身を投じた。彼らは、最初から運動家だったわけでも、聖人君子《せいじんくんし》だったわけでもない。ただ、出会ってしまった。その責任を、組織を離れたひとりの人間として、それぞれのかたちで背負いつづけた。その言葉を、虚空《こくう》を見上げて、ただ噛みしめる。

畑の石を拾い集める女性たち（アムハラ州）

一二、たちすくむ

うちのこはテレビのさらしものじゃなか。何でことわりもなしにとったか、おまえらはそれでも人間か。わしらを慰みものにするとか。――あやまってすむとか。みんなしてわしらを苦しめる。写真にとられて、この子の体がすこしでもよくなったっか。寝た子ば起して

（土本典昭『不敗のドキュメンタリー　水俣を撮りつづけて』岩波現代文庫、二八頁）

長年にわたり水俣とかかわりつづけ、多くのドキュメンタリー作品を撮った映画監督、土本典昭《つちもとのりあき》のエッセー集『不敗のドキュメンタリー』より。水俣病が多発していた集落を撮影スタッフとともにはじめて訪ね、ワイドレンズで集落の全景を撮っていたとき、一軒の庭先にいた女性たちが騒ぎはじめた。手をついて詫びつづける土本に、激しく叱責する言葉が降りそそいだ。

土本は、このときのことをたびたび書いている。「いつもこの日の出来事につれもどされ、それを避けるわけにいかないのだ」という。部外者が問題をかかえる人たちとかかわることの難しさと、そこに避けがたくつきまとう壁の大きさを突きつけるエピソードだ。土本は「全き挫折にひしがれ、首の根を折った」。別の文章には、次の

ようにつづる。

その後から、完全に私は思考力もことばもまともでなくなってしまった。つまり壊れたのである。「水俣病をとる資格はない」という直感から、「映画をとる力はない。もうやめよ」という自分の声がとめどないのである。どこにカメラをむけることもできず、舟つき場の石垣の上に立ちつくした。

（八四－八五頁）

当時、土本は三十歳代半ばで、ドキュメンタリー映画作家としての野心もあった。それが「もう映画は撮れない」とまで追いこまれた。そんな土本を救ったのも、患者家族だった。のちに水俣病訴訟原告団の団長をつとめた渡辺栄蔵《えいぞう》との出会いが、土本を水俣にひきとどめた。夕方、漁を終えて浜にいた渡辺に夕飯のおかずのアジを見せられ、「こんさしみはうまかよ」と家に誘われた。水俣ではじめて「心を結べる人」との出会いだった。

その後、土本は水俣でたくさんの映画を撮った。それでも「どのシーンを撮るときも、そのとき母親の放った肉声を内耳に聞かずにはおられない」と、最初の叱責の声が頭から離れなかった。一九七三（昭和四十八）年の熊本地裁判決の日、渡辺団長が水俣病を広く世間に知らしめた報道関係者に謝意を述べたとき、救われた気持ちになった。でも、すぐに「記録映画作家の原罪」を直視している。

それはいつも新たな映画をひっさげて患者の前に立つごとにミジンに打ち砕かれる。決して私は正義の味方でも、公害の告発者でもなく、彼らのプライバシーなるものを侵害する映像表現者として人びとの前に立ち現れているのだ。（二三頁）

撮影を拒みつづけたある女性患者は、次のように語ったという。

わしの一生な本《ほん》にでもかけば、こんな（一寸も二寸もの）本になるとばい。どこひらいても苦労の、苦しみのって言葉にはできんと。おんなじ水俣病患者といってもなあ、わしほどの苦労したものはおらんち思うなあ（二一—二二頁）

土本は、その声に「それを映画で撮れようか」という問責の響きを聞きとる。

私の映画には撮った人たちの背後に、このようにして拒んだ人びとの層々たる存在があるのである。そして、私はこうした拒否の人を怖れ、撮れた人に親しむという人情のままにいま身を水俣にむけているものの、その拒否の人びとの命運に決して無関心ではいられないのである。こうした痛手とうずきつづける感覚ぬきに〝水俣病事件〟とむきあうことはむつかしい。（二二頁）

「痛手」の経験と「うずき」の感覚。それをかかえながら、なおも撮り、かかわりつづけること。「私にはそれしかできない」。土本は、こうつづる。その想いの原点には、水俣病を患って生まれた子どもたちとの出会いがあった。

水俣市立病院の一番奥の特別病棟で胎児性患者たちを目にしたときのことを、土本は「人は人をここまで犯すものか、天や神はあるのか、と私はこれを知らずに生きてこれたことを床をたたいて呪いたかった」と書く。しかし同時に、そんな彼を慰《なぐさ》めたのも、その子どもたちだった。

私は水俣病がこのような非人間的な障害、全人的な病患であるとは予想もしておらず、それでいて、まごうかたなき人間の子供として、吾が子のように、人間のなつかしさ、やさしさ、ひとの愛を求めてやまない〝ひと〟に会ったのであった。（二六頁）

その経験は土本にとって「稀有の聖なる一回性」の出会いとなった。何度も「なぜあなたは水俣を撮るのですか?」と問われた。その答えは、「一一、ひきうける」で紹介した原田正純医師やＮＨＫアナウンサー宮澤信雄の言葉とぴたりと重なる。

それに答えるのに「私は見たからだ」といい、あと言葉をつづけるのに迷う。それはその見たことの私にとっての重たさと意味を伝えるのにあがくからである。ときに不親切に、ときに思わせぶりにとられやしないかとあわてるのだが、実は見たという一言がやはり私にとって決定的であり、一回性のもつ不可逆的な出遭いであったことにつきるのである。しかも私は撮った――。
(二六―二七頁)

「映画」を介して水俣病を考えつづけ、いくたびも水俣に立ち戻った。製作したフィルムをもって、天草・不知火の離島などへの上映行脚もつづけた。「なぜ観せにくっとか。寝た子を起こすとか。魚がうれんごとになる」と漁協や町の有力者から反発された。男の漁師のボイコットで女性と子どもだけの上映会になった場所もあった。それでも、映画を観た人のなかから患者申請をする動きも起きた。

土本にとって、その旅は「自らの暗さと気おくれの累積を、上映の旅の形で燃やしつくし、次なる映画の糧をたくわえるための自己改造の機会」だった。ときに映写機をとめて、映っている患者の出生や来歴を詳しく話すこともあった。すべてを曝《さら》けだすことに、土本はさらなる「原罪」を直視する。

こうして患者の全人的な領域に立ち入るとき、私は映画で犯すことから始まったプライバシーをさらに極限までつまびらかにしていく自分に気づく。会場にその親せき縁者がいる場合もあるのである。私はそこでただつき合いつづけるから許してほしいというほかはない。恐らくすべてを許されることは決してなく一生その関係をまるごと背負うことしかないであろう。だが映画で記録することをしごとと決めた私にはこれしかなく、喜びも辛さも渾然たるなかでころげてゆくしかほかはない。

（三四頁）

すべての表現者の胸に刺さる言葉だ。映画やドキュメンタリーには、どんな意味があるのか。土本は問いつづけた。「現実の認識をいささかでも補うものでありたい」と願いつつも、それが「現実変革の武器」になるとは思えない。何ごとであれ「直接体験」や「直接行動」によってしか知りえないのだから。水俣に関する一連の作品について土本は次のように書いている。

映画を見ただけで、現実に赴くことなしに、気のすむ、あるいは自足できる映画ではない。やはり肉眼と肉体で相むきあわなければ、その映画での認識は運動しないであろう。

（三六頁）

間接的な「情報」が世の中にあふれている。他者の姿への共感と反発、冷静な分析的言葉がネット上を席巻《せっけん》する。しかし「他者への共感」は、イメージのなかの作用にとどまっているかぎり、「他者への憎悪」と同じ地平に立っている。それは、行政官や学者が統計などの「エビデンス」にもとづいて分析的に全体をとらえようとする視点とも、変わらない。どこまでも間接性の次元にすぎない。

感情的共感と合理的理解との対置は、もうひとつの次元の存在を覆い隠す。それらの彼岸《ひがん》にあるのは、「見る」ということ、叱責の声に曝され、立ちすくむこと。その直接性のなかで、みずからの無力さを背負い、自問しつづけること。だからたぶん、鍵《かぎ》となるのは「共感」ではなく、「うしろめたさ」でしかなかったのだ。

容易には理解や共感などできない。その自覚から「うしろめたさ」が生じる。そうして立ちすくんだあと、何かせざるをえない状況へと駆り立てられる。いったい自分には何ができるのか。そこには「答え」はなく、「問い」だけがある。

III

水俣3

一三、ねがい

どうも、ありがとうございます。ほんとうにお気持ち、察するに余りあると思っています。やはり真実に生きるということができる社会を、みんなでつくっていきたいものだと、あらためて思いました。ほんとうにさまざまな思いをこめて、この年まで過ごしていらしたということに深く思いを致しています。今後の日本が、自分が正しくあることができる社会になっていく、そうなればと思っています。みながその方向に向かって進んで行けることを願っています。

（高山文彦『ふたり　皇后美智子と石牟礼道子』講談社文庫、一二一頁）

二〇一三（平成二十五）年十月二十七日、当時の天皇皇后は「全国豊かな海づくり大会」に出席するため、水俣を訪れた。天皇皇后として最初で最後の水俣訪問となった。冒頭の言葉は、水俣病資料館で患者たちと面会し、「語り部の会」の緒方正実《まさみ》会長が一家全滅にいたった惨劇について講話をしたあと、天皇の口から発せられた言葉。じっと緒方を見つめて述べられた、異例ともいえる長い「おことば」だった。

その三カ月前、石牟礼道子は皇后と会っていた。不知火海総合学術調査団の一員でもあった鶴見和子を偲《しの》ぶ山百合忌が東京で開かれたときのことだ。石牟礼は、面会に先立ち、皇后に手紙を出した。考えあぐねて、水俣病闘争のさなかにつくった一句をしたためた。

祈るべき天とおもえど天の病む

宮中の女官から、「天」とは陛下のことでございましょうか、との問い合わせがあったほど、きわどい一句だ。山百合忌の席でのご様子から、石牟礼は皇后がその手紙を読んでおられるだろうと受けとめた。その席で、皇后は「こんど水俣に行きます」と石牟礼に告げた。

熊本にもどった石牟礼は、もう一度、皇后に手紙を書いた。

水俣では、胎児性水俣病の人たちに、ぜひお会いください。この人たちは、もうすっかり大人になりまして、五十歳をとっくに越えております。多少見かけは変わっておりますが、表情はまだ少年少女です。生まれながら、ひと口ものを言えぬ人たちです。歴史を語れる人たちは、とっくに死んでしま

いました。いまでも発病する人が、あちこちにいらっしゃいます。ものも言えぬ人たちの心の声を察してあげてください。

（三七―三八頁）

そして、東日本大震災と福島第一原発の事故のあと、「絶滅と創成とが同時に来た」と直感してつくった次の一句を添えた。

毒死列島身悶えしつつ野辺の花

水俣訪問を終えて帰路につく天皇皇后を石牟礼は見送りに行った。自分が願った胎児性患者と面会してくれたと知り、声をかけられないとは知りつつ、入院先のリハビリ病院を出て、熊本空港へと向かった。

車椅子に乗った石牟礼は、空港ビルのはからいでロビーの入り口に数人の警官に守られ、両陛下から見やすい場所に待機した。天皇皇后を乗せた車が到着すると、石牟礼は「立ちたい」と介添えをする米満《よねみつ》公美子に伝えた。そのときの様子を米満は克明《こくめい》に語る。

入口からはいって来られた両陛下は、両側につめかけた人たちに手を振りながらゆっくりと歩いて来られる。そして、美智子さまが石牟礼さんに気づかれたんです。そのときの眼差しといったら……、あれは視線じゃないです、眼差しですよね（と、ちらりと石牟礼さんをふり返って）。その眼差しがぴたりと石牟礼さんと合って、美智子さまの足が止まったんですね。そして、陛下になにか耳打ちをされた。聞こえていないのでこれは私の想像ですが、「石牟礼さんが来られてますよ」と、おっしゃったような感じで……。陛下もこちらを、ふり向かれました。そして石牟礼さんに向かって、すっと頭を下げられたんです。「皇后から聞いていますよ」というふうに。ほんの数秒間、お二人とも足を止めて、美智子さまは石牟礼さんの目をじっと見つめて、その数秒間に、お二人のあいだでは会話ができていたと思うんです。そしてエレベーターを上って行かれました。

（五七頁）

若い侍従《じじゅう》が来て「皇后さまからのご伝言がございます。だれもいないところに移動してくださ い」と伝えた。そして石牟礼に耳打ちするように、こう告げた。「お見送りに来てくださって、ありがとう。そして、これからも体に気をつけてお過ごしください」と。

緒方の講話の直前、極秘裏《ごくひり》に胎児性患者二人と面会したとき、皇后は「石牟礼さんにくれぐれもお体を大事になさいますようお伝えください」と言付《ことづ》けていた。まさか見送りに来るとは思わず、空港で石牟礼の姿を見つけたときは、とても驚いた様子だったという。

二〇一四（平成二十六）年一月の歌会始の儀では、天皇は次のような御製《ぎょせい》を詠《よ》んだ。

慰霊碑の先に広がる水俣の海青くして静かなりけり

ほかにも水俣訪問から年末までに次の二首の御製が詠まれていた。

あまたなる人の患ひのもととなりし海にむかひて魚放ちけり

患ひの元知れずして病みをりし人らの苦しみいかばかりなりし

三首も同じ地域について詠まれるのは異例だという。三月には、天皇皇后が稚魚《ちぎょ》を放流したエコパーク水俣に三首の御製の歌碑が建てられた。

高山が関係者に取材を重ねてあきらかになった、天皇皇后水俣訪問の知られざるドラマ。政治的な発言や自由な心情の吐露を禁じられるなかで、ふたりがいかに周囲の「配慮」や「抑制」をかいくぐり、裏をかき、「闘って」きたのかがわかる。

天皇家と水俣には、少なからぬ因縁があった。石牟礼の自伝的小説『椿の海の記』には、一九三一（昭和六）年、昭和天皇が近代産業を牽引《けんいん》する日本窒素水俣工場を激励するために訪問したときのエピソードが紹介されている。「行幸のあいだ、不敬この上ないので、本町内の浮浪者、挙動不審者、精神異常者は、ひとりもあまさず、恋路島に隔離」という措置《そち》が命じられた。

石牟礼の祖母は精神を病んでいた。「陛下さまの赤子」をもって任じていた父亀太郎は、家族でとりしきることくらい心得ていたのに心外だ、連れていくなら、この場で母を刺し殺したうえで切腹すると、警官のサーベルを抜き取ろうとした。昭和天皇は、終戦後の一九四九（昭和二十四）年、水俣工場を再訪している。

『苦海浄土《くがいじょうど》』にも、印象的なシーンが出てくる。一九六八（昭和四十三）年、天草出身の厚生大臣、園田直《すなお》が水俣の患者施設を見舞いに訪れたときのことだ。劇症型患者のひとりが全身を痙攣させながら「て、ん、のう、へい、か、ばんざい！」と叫び、調子のはずれた声で君が代を歌いだした。圧倒された園田は声もかけられず、足早に去った。

チッソとの直接交渉にあたった川本輝夫は、平成がはじまってすぐ、一九九〇（平成二）年に天皇に請願書をしたためていた。つねに六法全書をもち歩き、ぼろぼろになるまで熟読していた川本は、請願法のなかに天皇への請願書についての規定があることを見つける。

請願書には「政府に対し、人道上、人権上の問題としてご提言していただくこと」、「天皇の御名代として、皇太子か秋篠宮《あきしののみや》、常陸宮《ひたちのみや》に水俣にお出でいただくこと」が書かれていた。結局、周囲の反対で提出はかなわなかった。川本が亡くなって半年ほどたった一九九九（平成十一）年九月、秋篠宮夫妻の水俣訪問が実現した。そして、川本の強い思いは、天皇との面会で声をかけられた息子の愛一郎、川本とともに患者認定を求める裁判を闘い、目の前で講話をすることになった緒方正実にも引き継がれた。

愛一郎は、川本輝夫がよく酒を飲みながらつぶやいていた言葉を紹介している。

「水俣にも、水戸黄門とか月光仮面とかおらんかねえ。バーッと走ってきて、バッと裁断をしてもらえんもんかな」と。そういう意味では、日本でいちばんの権威、存在として、天皇を求める気持ちはつよくもっておったんです。石牟礼さんもよく言ってるんですが、私たち患者や家族のなかで、やっぱり御上《おかみ》ちゅうのは、ものすごい存在なんですよ。御上が来てくれるだけで問題は解決すると、ずっと思っていたんです

（一二九－一三〇頁）

いっこうに救済に動かず、どうやってもその悲痛な叫びの声を受けとめてもらえなかった企業や行政に募る不信と絶望感。そのなかで「御上」に一縷《いちる》の希望を見いだそうとする心情がよくあらわれている。

のちに皇后になる雅子妃の祖父、江頭豊《えがしらゆたか》は、水俣病の原因がメチル水銀だと指摘する論文が出た一九六四（昭和三十九）年にチッソの社長になった。その後の約十年間、チッソは原因が未確定という姿勢をとりつづけて具体的な対策をとらず、国も規

制をかけなかったため、水俣病がもっとも拡大した。
一九七〇（昭和四十五）年、大阪でのチッソの株主総会で、一株株主となった患者と支援者たちは、江頭社長をとり囲んで悲痛な思いをぶつけた。「原因がまだ当社に帰因するとわからないので……」と逃げ腰の江頭社長に、その声は届かない。髙山は、そのときの川本の姿をつづった石牟礼の描写を引用している。

未認定患者の川本輝夫さんが泣きじゃくりながら、隣の若者にいった。「何とかして（社長に）わからせる方法はなかもんじゃろうか、わからんとじゃろうか」まるで頑是《がんぜ》ない子の、途方にくれたような表情と低い泣き声だった

（一二四頁）

二〇一九（平成三十一）年四月三十日、天皇は退位した。元号も令和と変わる。同じように一日がただ過ぎていくだけなのに、そこに大きな時代の断絶を感じる。でも、おそらく何ひとつ解決はしていない。世界の片隅でひっそりと引き継がれる小さき者たちの切なる願いに、あらためて思いを馳《は》せる。

一四、

たりない

社長、わからんじゃろ、俺が泣くのが。わからんじゃろ。親父はな、（病院の保護室に）一人で居《お》った。おりゃ一人で行って朝昼晩、メシ食わせとった。買うて食う米もなかった。背広でも何でも自分の持ってるもん質へ入れた。そんな暮らしがわかるか、お前たちに。あした食う米のないことは何べんもあった。寝る布団もなかったよ、俺は。敷き布団もなくて寒さにこごえて毎晩こごえて寝とったぞ。そげな苦しみがわかるか。家も追い出されかけたぞ。そげな生活がわかるか、お前たちにゃ。

（川本輝夫著、久保田好生ほか編『水俣病誌』世織書房、一〇頁）

水俣病の闘争運動のなかで、川本輝夫はひときわ大きな存在感を放っている。二度にわたって申請を却下され、やっと患者認定をえた一九七一（昭和四十六）年、川本は他の患者家族とともにチッソに補償を求める直接交渉にのぞんだ。川本ら患者や支援者たちは丸の内のチッソ東京本社ビルに乗りこみ、その後、一年八カ月におよぶ座りこみがはじまる。

冒頭の言葉は、社長や役員たちとの十数時間にわたる交渉のあと、島田社長が担架《たんか》で運びだされる直前に川本が放った言葉だ。石牟礼道子の『苦海浄土』第三部「天の魚」にも、印象的なシーンとして登場する。川本の裁判での供述書や手記、講演録などを集成した本書の付録に、石牟礼は次のように書いている。

数ある交渉の中で、この人が自分の家族のことを言ったことはない。川本さんの眼からこぼれる涙が、島田社長の顔にふりかかるのを、同室した者たちは声をのんで見守った。社長は凝然とした表情で眼をしばたたいていた。その胸中に去来していた想いの一端をあとで知るのだが、のちのちこの人は自分の家族に「川本さんという人は立派な人だ。けして呼び捨てにしてはならない」と申しわたしたという。

（同書付録「テルオさんのこと」四頁）

川本輝夫は、一九三一（昭和六）年、水俣市月浦《つきのうら》に八番目の子として生まれた。父親が大正末期に職を求めて天草最南端の牛深《うしぶか》から水俣に移り住んだ。古びた農作小屋を小舟に積んできて、住まいにした。輝夫は幼いときから体が弱かった。リンゴ汁を飲ませたらいいと聞いた両親が、必死の想いでリンゴを買い求めて育てた。

隣の漁村の湯堂《ゆどう》には親戚にあたる網元があった。幼い輝夫は、地引網が上がると湯堂に駆けつけた。子どもたちが差しだす竹カゴにカタクチイワシを一升枡《いっしょうます》で入れてくれた。一目散に家に帰って、夕食のおかずにした。

日本窒素肥料の工場で働いていた父親も、仕事を終えると、歩いてすぐの水俣湾に釣りに出かけ、一時間もあればタコやキス、ベラなどの小魚をたっぷり釣ってきた。季節ごとに家族総出で潮干狩りをしては、貝や牡蛎《かき》、ビナ（巻貝）、ウニなどを竹ザルに山盛りにして茹《ゆ》であげて食べた。貧しいながらも、母が身を粉にして働いた小作地の作物と、父がとってくる海の幸とで食卓は賑やかだった。

沿岸に近い農山村は、農閑期と潮時（最も干潟が広く遠くなる時）をみて、家族そろって、鋤をかつぎ、手には牡蛎《かき》打ち（熊手の一種）を面々がもって、浜まで駆け下るのでした。そしてビナ（巻貝）、牡蛎、貝など、季節によってはタコ、ナマコなど手掴みにして採ったものを手籠一杯、あるいは籠を背負い、担って帰ったものです。夏ともなれば、子供達は思い思いの海岸で水しぶきをあげながら、泳ぎを覚えていったものです。

（二五二頁）

成績優秀で「軍国少年」でもあった輝夫は、陸軍幼年学校を志《こころざ》す。しかし母親に泣いて止められた。「軍隊なんて人間が行くところではない」。読み書きができなかった母はそういった。一九四〇（昭和十五）年ごろに水俣で陸軍の大演習があった。そのときも小遣い銭がないという理由で行かせてもらえなかった。

戦争末期、米も麦も手に入らなくなり、母と二人で石臼《いしうす》を挽《ひ》き、代用食のはったい粉をつくっていたとき、母がぽつりと漏らした。「この戦争は負ける……」。川本は母に猛然と食ってかかった。母はただじっと輝夫の顔を見つめたまま涙を浮かべた。

そんな母親も、一九四八（昭和二十三）年、五十三歳の若さでこの世を去った。最後は寝たきりとなり、父親が必死に看病をした。医師に払う金がなく、祈禱師《きとうし》にお祓《はら》いをして呪文を唱《とな》えてもらうしかなかった。

母親の死後、たったひとりの妹は農家の子守奉公に出た。輝夫も、高校を中退した。父は日窒を退職したあと、一本釣り漁に励んだ。そのころ道を挟んだ向かいの家族の父と子ども二人が相次いで「狂い死に」した。

その父が狂乱し子供が餓鬼のようにやせ衰え、犬の遠吠えのような声で泣き叫ぶ時には、恐しくもあり哀れでもあり正視に耐えなかった。その家庭は、太平洋戦争の戦況の悪化と共に、それまでの菓子商売ができず、また当時の食糧事情も加わり、その父が毎日の如く他人の小舟を借りたり、そして海岸を歩いてホコで魚やタコ等を突いて来ては生活の足しにしていた。今にして思えば、私の村での奇病水俣病のはしりであった。（二七頁）

水俣工場の横をとおりかかると、真っ赤な色や乳白色、黒色の汚水が排水溝を流れていた。干潮には、沖合にかけて白いヘドロが姿をあらわした。排水溝のある水門に舟をつなぐと舟底に虫がつかず、カキ殻やフジツボがつかないというので、運搬船や小舟などがよく係留されていた。

高校を退学したあとも、川本は学校に復学することばかりを夢見ていた。就職難で土方の仕事くらいしかなかった。トンネル掘り、炭坑、日雇いなどの仕事を転々とした。妹が百姓奉公に出たあと、父との二人暮らしが七～八年つづいた。

一九五七（昭和三十二）年の正月、妹が同じ福岡の奉公先から妻になるミヤ子を連れて帰ってきた。そのころ、すでに川本は手足がしびれ、足や舌がこわばっていた。ミヤ子は新婚旅行もなく、結婚後すぐ製材所で働きはじめた。川本は、勤めていた水俣工場の下請けの仕事をしていたが、結婚した年の秋には仕事がなくなり失業した。翌年三月に長男が生まれた。

一週間に一度の失業保険金六〇〇〜七〇〇〇円では何も買えず、「明日食う米がない」という生活だった。出産のための里帰りもできなかった。妻は産後すぐに製材所に戻り、川本は日雇い仕事をした。父親が幼子を背負い、妻の製材所に授乳させに通った。

そして「奇病」が多発するようになった。漁師たちは自主的に操業を停止したが、危ないとわかっていても生活の足しにするため漁に出る者もいた。川本の父もそうだった。しかし、長くはつづかなかった。足がしびれ、まもなく病床に伏《ふ》した。医師に診《み》せる金はなかった。

一九五九（昭和三十四）年の暮れには妻が二度目の妊娠をした。しかし翌年、胞状奇胎で流産する。あとになってわかったことだが、そのころ近隣の集落で流産や異常分娩、乳幼児の早死の例が相次いでいた。

水俣病で死亡した者の家族や水俣病と診断された者への見舞金が払われることになり、水俣では患者家族への羨望と中傷・偏見が渦巻くようになった。水俣病だとは名乗れない雰囲気だった。

やがて父の病状が悪化し、妻も仕事を辞めざるをえなくなった。父は水俣病に間違いない。川本はそう思って、兄たちに援助をもらい、父を水俣市立病院に入院させた。医師は水俣病だとは診断しなかった。結局、入院費がかさみ、年末には退院を余《よ》儀《ぎ》なくされた。妻と交替での看病生活がはじまった。

下半身不随で下の世話もされることを苦にしてか、父が梁《はり》に紐《ひも》をかけて自殺未遂したこともあった。川本は一時的にチッソの水俣工場で働くなどしていたが、それも失業し、開業間もない精神病院で雑役・看護人見習いで働きはじめた。やがて看護学院に通いながら夜勤で働くようになった。生活保護も受けた。

一九六五（昭和四十）年、病状が悪化した父を勤め先の精神病院に入院させた。勤務しながら看護できると思ったからだ。しかし、二カ月あまりで父は川本ひとりに看取られて板張りの保護室で亡くなった。妻は水俣市立病院の雑役婦としてパートに出るようになった。生活は苦しいままだった。

家は白蟻に喰い荒され、梁が一尺位下がり、そのまま住むのが危なかった。タル木を一本ようやく買い求め下からその梁を突っかい、ようよう急場をしのいだ。雨が降れば、座る所もないほどに雨漏りした。ある時村の民生委員が訪ねて来たが、梁が柱からはずれてずり下がっているのを見て驚き、後ずさりされたこともあった。

（四〇－四一頁）

小さき者たちの営みを書物で読み、その声に耳を傾け、できるかぎり心を寄せながら想像してみる。でも、足りない。まったく足りない。「わかる」にたどりつくために、何をどうすればいいのか、それすらわからない。

「そげな生活がわかるか、お前たちにゃ」。それは私に向けられた言葉である。

食糧援助の配布を待つ人たち（上下ともに。アムハラ州）

一五、

かお

こんな闘い方なんてあるのか？　毎日毎日そんな思いにかられる。今日は午後より新宿にてカンパ。無関心の顔、幸せそう？な顔、不安な顔、忙しい顔、尊大な顔、振り返る顔、孤独の顔。こんな顔の流れの中で、九万円近く集まる。あの人の波を見て、空恐ろしくなる。不安になる。歩行者天国も地獄の天国だ。

（川本輝夫著、久保田好生ほか編『水俣病誌』世織書房、四七八頁）

チッソ本社前での座りこみをはじめて一年がたった一九七二（昭和四十七）年十二月十七日、川本輝夫の日記の一節から。街頭に立ってカンパを集めながら、チッソとの直接交渉を求める運動をつづけた。その日記には、本社前のテントを訪ねる支援者や運動関係者との多忙な日々がつづられている。

川本たちはチッソ本社の階段を駆けあがり、再三、直接交渉を要求した。座りこみ開始から一カ月後には、四階のチッソ本社入口に鉄格子《てつごうし》がつくられた。警察からは、たびたびテントの撤去を求められた。いくどもチッソの従業員や警察官に排除された。この座りこみのなかで、川本はいろんな「顔」と出会う。

〔チッソ本社の〕階段を上ると「来た」と妨害のピケを組む。チッソの「人でなし若者」が中心になって壁を作る。何を訴えても能面か、化石の如くしている。彼らに「心」は、感情は、そして愛、憎しみはあるのだろうか。

（一九七二年一月六日、四〇八頁）

全くなんの為に立ち向かってくるのか。〔チッソの工場がある〕五井、水俣の労働者と名のつく（〔会社寄りの〕第二組合の）人々の群れは……。資本の、チッソの走狗《そうく》となって我々を苦しめる。押し黙り、鋳型の人形の如く立ちはだかる。今日も汗だくになり奮闘？する。おかげで、左足小指捻挫だ。歩くのにも大ごとになる。佐藤さんは下唇に傷を受ける。ポリ（私服）が来て気づかったマネをする。おかしい位だ。

（同七月十九日、四四六頁）

朝起きると、左足が踏みたてられない痛みだ。だいぶ丸く腫れている。特に階段の昇降はこたえる……。今日も早朝に昇る。今日は五階の入口と、三階のところで待ち伏せピケだ。足が痛いのも忘れてしまう。結局、制服・私服警官が来てケリがつけられる。ポリどもにいくら話しかけても知らぬふりだ。少しでも話がわかったら、人間として反応しなければならぬ恐ろしさを恐れているのだろう。でくの棒とは彼等のことだ。

（同七月二十日、四四七頁）

左足の小指は骨折していた。病院で診断書が出され、約一カ月の安静治療を求められる。川本は、毎日、支援者や患者家族との面談や交渉、集会への参加などをくり返しながら膠着《こうちゃく》状態を打開する道を探っていた。世論に訴えるため、土本典昭監督の映画「水俣　患者さんとその世界」の上映会で各地を訪れては舞台挨拶もこなした。東京と熊本を何度も往き来した。話し合って、保養院での仕事は「停職」の扱いとなった。長男が発熱したときには、かわりに牛乳配達をして、夏にはミカン山の虫取りや草刈りをした。水俣工場前でもテントでの座りこみがつづいていた。

東京からも、ときどき水俣に電話して家族の様子をうかがった。日記のなかに控えめに出てくる家族との会話の記述からは、川本が家族の存在に心の安らぎを感じつつ、引き裂かれる思いを抱いていたことがわかる。

PM一〇時すぎに溝口店に電話して子供達と話す（川本家にはこの頃電話がなく、近隣の商店に電話して呼び出してもらっていた）。早く帰って顔をみたい。〔長男〕愛一郎の青年じみた声に驚き喜ぶ。〔長女〕真実子の可愛らしい電話の声に飛んで帰りたい郷愁にかられる。当分望めそうにもない。

（一九七二年六月十八日、四三六頁）

夜は、妻に電話する。大過なしのようだ。妻の明るい声を聞いて一安心だ。

（同七月二十一日、四四七頁）

夜は（水俣の）テントと妻に電話する。話してみると帰りの時期が来ているのかもしれないとも思ったりする。千々《ちぢ》になるとはこの思いかもしれぬ。

（同七月二十六日、四四九頁）

盆も過ぎて今日は一七日となる。水俣を出てまだ十日しか経っていないのにえらく永い間遠ざかっているような気がする。とうとう今年の夏は、子供達と遊んでやれなかった。

（同八月十七日、四五五頁）

川本はたびたびテレビに出演し、記者や学生からのインタビューに答え、依頼された原稿を書いた。環境庁長官や熊本県知事、中央公害対策審議会や公害等調整委員会との折衝も行った。川本が一貫して求めたのは「人間であること」だった。

（チッソが三、四階を占める東京ビルヂングの）玄関にて若い人たち二〇名くらい、本田啓吉先生等々と屠蘇を酌み交わす。人間そのものの交わりを持ち続け、温かく育てたいと思う。企業には殺人が許され、企業に誠実がないことがわかっても責める人も少ない。人に殺人が許されないのなら、誠実が要求されるのなら……、これは私たちが何を叫んでも無駄かもしれない。しかし、それでも私は「チッソ」に対し人間味を要求し、訴え、叫び続けて死なんと思う。

（同一月一日、四〇三－四〇四頁）

「人の命の尊さや大切さを、多数決みたいな形で値ぶみされてたまるか」。川本にはそんな思いがあった。一緒に座りこみをつづけた患者であり元チッソ従業員の佐藤武春は「被害者が加害者に相対《あいたい》で物を言い、相対の立場で決着をつけるための座り込みであり、自主交渉要求だ」と口癖のようにいっていた。川本にとって佐藤は「闘いの良き先輩であり、唯一の助言者であり伴侶であった」。

人と人が相対して向き合い、立場や肩書きではなく、本音で語り合う。この川本たちが求めた「人間であること」は、チッソや行政だけでなく、街を行き交う人びと、支援を要請した労働組合や頭でっかちな借り物の言葉をくりだす若い運動家にも向けられた。なぜみんな群れのなかで「顔」を失うのか。

参議院にて総評〔日本労働組合総評議会〕の幹部連の会議に出席してあいさつ。〔中略〕いかんとも表現しがたい。議院内部と建物と応対にこっけいさ、物々しさ、仰々しさ、バカバカしさ、言葉の世界にあるだけの嘆き、侮蔑、裏切り、不信等々の言葉を投げつけたい思いの議院ではあった。その後、丸の内消防署にチッソの鉄格子の件で要望書を持っていく。官僚の見本みたいな係長が出て、苦しげな言い訳をする。肩書きがつくと、そしてあんな囲い

のような建物に入ると、あんなに官僚事大主義的な人間になるのか。

（一九七二年一月十八日、四一七頁）

午後、野田の理科大の若者来たる。とてつもない？理想論（運動論）をぶつ。答えるのに往生する。わかりきっていることを問われるのだから辛い。若い人たちの行動と考えは端的だ。俺もまた、最近程人間について考えさせられたことはない。結局俺のボンクラ頭では整理がつかぬ。人間はどこに、そして、何の為に生きていくのか？

（同七月二十五日、四四八頁）

川本は運動に期待を寄せて集まる学生たちやメディアにとりあげられる自分自身の姿を冷静にみている。うまく言葉にできないことを悔い、迷いを吐露し、欺瞞《ぎまん》に陥っているのでは、とくり返し自問しつつ、東京の街を行き交う人間の顔を観察している。

「新宿歩行者天国」にて、カンパの呼びかけをする。無関心、触れられたくない、憐憫、反感、憎悪等々の顔が行き交う。しかし確実に反応を示すカンパが入る。わざわざいたわりの言葉をかけてくれたお母さんもいた。やはり何があっても現在を持続し続けていく以外にない。

(一九七二年一月二十三日、四二一頁)

四時前から新宿にてカンパを呼びかける。ゾロゾロ歩く人たちの生活と考え方の基盤は何なのだろうか。反応のなさには心を落とす。いわゆる群衆は、どんなことがあったら、生じたら、心をとらえるのだろうか。

(同九月十七日、四六四頁)

次つぎに寄せられる無数の支援やカンパによって運動の継続が可能になった。そのありがたさに使命感を奮《ふる》い立たせながらも、川本は期待の大きさの裏にある東京の人たちの心の声を聞きとっていた。

——それにしてもこの大都会東京に住む人たちがいかに人の情けを欲しがり、柱——

を求めているのかが痛いほどわかる。俺たちの座り込みがそんなに勇気あることなのか……。今では俺たちに課せられた宿命みたいなものだ。この一年間はまさに、人間不信の年であり、人間讃歌の年でもあった。

（同十二月三十一日、四八〇頁）

だれもが都会の群れのなかで「顔」を失う。目をあわすことなく、無数の人とすれ違う。立場や肩書きから心にもない言葉を口にする。記憶からも、経験からも「人間」が抹消《まっしょう》される。

「あなた」の顔がなくなるとき、同時に「わたし」の存在も消える。そして、ふいに不安にかられる。水俣で経験した「貧しさ」とは別の欠落が都会にある。川本の目は、その姿をじっと凝視《ぎょうし》していた。

一六、あいまみえる

だいたい昔からのくらし方が、働いて財産ばためてどげんごげんちことがなかっですたい。おるが（私の）じゃ、わるが（あなたの）じゃっちことがなかもんじゃって「ありがとう」ちことばがなかそうです。やったりもろたりじゃなくて、あるもんば要るしこ（要るだけ）みんなで分くっとでしょうな。〔中略〕子どんもな、他人の子を何人と養うとるですよ。自分と他人という区別をあんまりせんと。ゆとりのある者は、なか者ば助くっとは当り前ち考えたいな。

（川本輝夫著、久保田好生ほか編『水俣病誌』世織書房、二六四頁）

一九七五（昭和五十）年、四年にわたり水俣病患者を撮りつづけてアメリカに戻った写真家ユージン・スミスの妻アイリーンから、原田正純のもとに一本の電話があった。「カナダで水俣病が出ている」。オンタリオ州のドライデン製紙工場が川に流した排水中の水銀の影響で、下流に住む先住民オジブエの居留地で被害が出ていた。

アイリーンは、先住民代表団の水俣訪問を提案した。患者や支援組織は、すぐにカンパを募り、一九七五年七月、一行の訪日が実現した。二カ月後には、川本輝夫ら患者三人と原田や土本典昭らがカナダを訪れた。冒頭の言葉は、カナダ訪問から戻った川本の帰国報告の言葉から。

「私たちは自然と共に生きてきました」。日本訪問団のトム・キージックが記者会見で最初に発した言葉が川本の心を打った。

このたったひと言の言葉のなかに、貴方達インディアンが、如何に自然を愛《いと》しみ自然を友とし師として、心豊かな暮しを営んできていたのか私には了解できたような気がしました。私はやっとの想いで、次のような言葉でしか答えることができませんでした。「カナダ・インディアンの人々の現在の状況は、水俣の過去であり現在である。彼等にもたらした不幸を未然に防ぎ得なかったことを、人間として人類として恥じ入る」

（三五五頁）

川本は、このとき「あなた方の悲劇はわれわれにも責任があります」といい切った。水俣病のことをもっと早く世界に伝えられていれば、さらなる悲劇は防げたかもしれない。そんな想いからだ。トムは、初対面のときから川本に敬慕《けいぼ》の念を抱いた。三カ月後に生まれた自分の息子に「テルオ」と名づけた。

水俣でも、カナダでも、もっとも素朴で弱き者たちの生活が脅《おびや》かされた。はじめて先住民居留地グラッシー・ナローズを訪れた川本は、木々が紅葉し、空気が澄んでいて、夜は満天の星空が広がる自然に感動を覚えた。湖の周りを丘が囲み、岬がのびる。まるで自分が暮らす水俣の茂道《もど》のようだった。

先住民の自然との向き合い方に、川本はかつての水俣の漁民の心と通じるものを感じとっていた。冒頭の言葉につづいて、興奮ぎみにこう述べている。

猟にしてもそもそも動物（アニマル）ちことばはなかち。そげん分くっとは失礼じゃ、われわれ人間と同じ立場じゃちいうとで。自分たちが生くっとに必要なしこ神さんから貰うわけやっで、ムース（ヘラジカ）なら、ノド仏ばとって木の幹にさらす、狐とるなら、そん爪を東西南北に分けて土に埋めて、神さんに報告して感謝するそうです。動物によってそれぞれ違うた報告の仕方ちゅうか儀式があっと。だいたい「殺す」ちゅうことばがなかそうですもんなあ。

（三六四頁）

しかし、先住民の生活はすでに激変していた。白人が酒をもちこみ、先住民に鉄砲を買わせ、高価な交易品だった毛皮をとるために、バッファローを獲りつくした土地を奪われ猟も制限された先住民は、水銀汚染によって川や湖で魚を獲ることもできなくなった。昔ながらの暮らしは破綻《はたん》へと追いこまれた。

そげん良か所じゃばってん、今ん暮らしじゃひどかっですよ。トムらは一二年前に古い居留地から追われてここに来たわけですばってん、それまじゃ（それまでは）、畑をつくって漁業も猟もして、ちゃんと自給生活をしとった。そるが、良か家と生活費ばやるけんといわれて来てみれば、一万ドルの家というのが、日本でいうなら二〇万か三〇万位のひどか家で、猟も決められた場所でしか、しはならん（してはいけない）。しかも鉄砲使うてもならん。土地も白人におっとられて自分たちのものじゃなかわけたいな。（三六一頁）

一九六〇年に先住民が立ち退きを迫られたのは、あらたなダムと道路を建設するためだった。移り住んだ居留地も、一九七〇年に水銀汚染があきらかになり、生活の糧

を得る漁業ができなくなった。スポーツフィッシングのガイドを務めていた先住民も仕事を失った。一九七〇年以前は五パーセントだった生活扶助世帯が八〇パーセント以上に急増した。

居留地を訪れた原田や川本らが目にしたのは、無気力な表情の先住民とアルコール中毒の蔓延だった。水銀の影響も疑われた。アルコールが関係するとみられる事故死や変死が相次ぎ、飲酒がらみの犯罪行為で逮捕される者も多かった。背景には白人警官の差別による偏見もあった。

一九七六（昭和五十一）年六月、川本と土本らはカナダを再訪する。バンクーバーでの国連ハビタット会議に出席し、トムとも再会を果たした。訪日後、トムは水銀被害を訴えて動き回ったことで、居留地住民から反感を買い、身の危険すら感じる状態にあった。カナダでも、生活手段を奪われた被害住民が対立させられていた。

会議のあと、川本と土本は、あらたに水銀汚染が判明したケベック州の先住民クリーの居留地をめぐって、四十日間の水俣映画の上映ツアーを敢行した。先住民にとって大切な食料であるマスなどの魚を食べる危険性を訴える上映と講演の旅だった。

「水俣病がなければ、終生あいまみえることのなかったあなた方インディアンと私たち」。川本は講演でこうくり返した。水銀汚染の被害を受けたアメリカ先住民のオジブエやクリーは、長年にわたって人類学者たちに豊かな民族誌資料を提供してきた。西洋社会とは異なる独自の文化を育んできた彼らもまた、近代化の波にのみこまれてしまった。

国家の中心から離れた場所で小さき者たちが強いられた生活の崩壊は、世界中あちこちで同時多発的に起きた大きなうねりの一端だった。そのうねりの端っこで生まれた海をこえる人びとのささやかな連帯に、いま私がつかむべきうねりの先端はどこなのかと、問い返される。

IV

天草

一七、

こえ

いんばいになるか、死をえらぶか、といわれたら、死ぬんだった。うちは知らんだったとよ、売られるということが、どげなことか……

（森崎和江『からゆきさん　異国に売られた少女たち』朝日文庫、一四九頁）

一八九六（明治二十九）年に天草の牛深に生まれたキミは、五～六歳で「因業小屋《いんごう》」と呼ばれる見世物興行師の養女になった。ろくろ首などいろんなことをさせられた。養子という名目で芸人や娼妓《しょうぎ》として売られるのは明治以前からの「口べらし」の風習だった。小屋に売られた病人は「死体」として見世物にされた。

キミは、一九一二（明治四十五）年、十六歳で朝鮮人ブローカーのもとに養女にだされ、貨物船に乗せられた。船員相手に「おショウバイ」すると、食べものがもらえた。門司《もじ》で六人の少女が乗りこんできた。みなやつれていた。十二歳から十五歳までの貧しい百姓の娘たちだった。十二歳の子は船上で息を引きとった。貨物船は、八日かけて朝鮮半島南端の港についた。

「からゆき」は、明治から昭和初頭まで九州の西部や北部で使われていた言葉だ。はじめは貧しい男女が海外に出稼ぎにいくことを指していた。やがて海外の娼楼《しょうろう》に売られた女性たちを意味するようになった。

植民地朝鮮で生まれ育った引揚者の森崎和江は、キミの養女である友人の綾さんに「からゆき」のことを聞かされた。冒頭の言葉は、キミが綾さんに漏らした言葉だ。

綾さん自身も「からゆき」の娘として朝鮮半島で生まれた。三歳で清国との国境の町で実母を亡くし、朝鮮人農家に預けられて育った。六年生になり、同じ娼家で実母の世話をしていたキミに「インバイになるか、養女として女学校に行って親を養うか」と迫られ、養女になった。

熊本県の天草諸島は、北は有明海、東は不知火海、南西は東シナ海の天草灘に囲まれている。耕作地が少ない割に人口が多く、対岸の島原とともに「からゆき」が多かった地域だ。

森崎は明治末十年間の新聞記事から海外の娼楼に赴く「密航婦」の出身地を集計している。長崎県の一一九人に次いで熊本県が九六人。その二県だけで全体の三分の一を占めた。熊本の九六人のほぼ全員が天草出身だった。

天草では、江戸時代も明治以降も他地域でみられた堕胎《だたい》や子殺しなどの「間引き」がなかった。古くからキリシタンの地だったからだと考えられている。

一六三七〜三八（寛永十四〜十五）年の島原の乱では、天草からも多数の戦死者がでて、人口が激減した。それを補うため、各地の天領や九州諸藩に強制移民が割りあてられ、多くの移民が流入した。幕府直轄の天領となった天草は流罪地に指定され、江戸から多くの流人も送りこまれた。

五十年あまりで、人口は一〇倍以上に膨れあがった。幕末にかけても人口は増えつづけ、耕作地の少ない貧窮した村からは長崎などへの出稼ぎが増えた。天草は、多くの流民たちが集まり、また外へと流れでていく土地だったのだ。のちに日窒の工場ができた水俣にも天草からたくさんの人が移り住んだ。

植民地朝鮮では、半島を縦断する朝鮮鉄道の敷設が進んでいた。鉄道の敷設権は日本人の手に渡り、広大な土地も日本人のものになった。キミたちがいた娼楼は、そんな鉄道工事の最前線の飯場《はんば》にあった。

少女たちのいた温床《オンドル》小屋は、日本人工夫を相手にする部屋と朝鮮人工夫を相手にする部屋、梅毒で商売できなくなった少女たちのいる部屋の三つに区切られた。どの部屋にも二十歳を過ぎた者はいなかった。みな二十歳になる前に亡くなっていたのだ。

少女たちが死ぬと、「養父」は内地に向かった。山口や門司などに誘拐者の拠点があるようだった。あるとき一度に二九人の少女が死ぬこともあった。だがすぐに「補充」された。

朝鮮の男たちを相手に商売をすることは、別の意味で過酷な経験だった。四、五人でキミを朝まで買いきって、酒を飲ませた。とり囲んで座を立たせなかった。性欲を満たすためではなかった。綾はいう。

キミは十六歳で朝鮮人の客をとっていて、何がつらいといっても、四、五人の客のなかで堪えきれずにおしっこを洩《も》らすのを、笑って眺められることだったのね。朝鮮人が日本人の女を買うために家を売ってやってくる。洩らしてしまうまで買いつづけて立たせてくれないのよ。あたしは朝鮮人に育ててもらったし、とってもやさしくて、好きな人たちだから朝鮮人を非難するようなこと、言いたくない。これはね、日本人がそう追いこませたのだとしか言いようがないわ

（一四七－一四八頁）

戦後、日本に戻ったキミは老いてなお、尿意をもよおすときに、身を震わせて狂っ

たようになって朝鮮語でののしりだした。綾さんは一緒に泣くことしかできなかった。
そんな耐えがたい日々も、絶望だけではなかった。天草の女性たちは、快闊《かいかつ》な者が多かった。森崎は、鴨緑江《おうりょっこう》沿岸工事が行われていた一九一四（大正三）年ごろの様子を書いている。

ある夏の日、工事関係者が、はるかむこう岸の清国領まで鴨緑江を泳ぎわたる競争をした。豊かな水が流れている。男たちが飛びこんだ。女たちも飛びこんだ。〔中略〕朝鮮人が近くの村からおおぜい集まって応援した。むこう岸まで泳ぎわたった女は、みな天草女であった。おキミは、ほかからきた人たちは途中でみんな泳ぎをやめた、と誇らしく話す。（一五〇頁）

世間では「密航婦」や「醜業婦」と蔑まれ、のちに戦地の「慰安婦」も意味するようになった「からゆきさん」。この言葉について、森崎は訪ね歩いた天草の風土やそこで出会った女性たちの姿を思い浮かべながら、次のようにつづる。

わたしはできるならば、村の人びとの思いにちかづきながら、そのことばにさわっていたいと思う。そして「からゆき」が村の人びとにとってなんであり、またわたしにとってなんであるのかをたどっておきたい。（二四頁）

従軍慰安婦のことが国と国との対立の構図で語られるとき、忘れられ、なかったことにされる声がある。いまは、その小さき者たちの声に耳を傾けよう。

私の母も天草に生まれた。祖母は幼くして天草の叔母に預けられた。少女たちは、私の祖母であり母であり、娘だったかもしれない。私自身が、工夫や兵士だったかもしれない。

夏が終わる。少女のかたわらに腰かけた自分の姿を想像する。

国際空港の搭乗口で飛行機を待つ出稼ぎ女性たち。
その多くが中東湾岸諸国で家政婦として働く（首都アディスアベバ）

一八、

くに

あんたどま、ひとりひとり生きた日の丸ばい。あんたどんが、じだらくすれば、日の丸をじだらくにしよるのと同じばい。

（森崎和江『からゆきさん　異国に売られた少女たち』朝日文庫、一八七頁）

一八八六（明治十九）年、天草・牛深の小さな炭鉱で生まれた島木ヨシは、十九歳でからゆきとなった。日露戦争の直後だった。戦時中に大量に出炭した反動で、炭鉱はどこも仕事がなかった。上海で五年ほど娼妓奉公して逃げだし、ひとりシンガポールに渡った。

ヨシは、人身売買の誘拐業者の目を盗み、外国人の経営する爪磨《つめみが》きの店に駆けこんで働きはじめた。やがてイギリス人警官と親しくなり、マッサージ店を経営するまでになった。独学で文字を学び、手紙が書けるまでになった。冒頭の言葉は、ヨシが店で雇った「からゆき」の女性たちに語った言葉だ。ヨシには国を背負って海外で働いているという誇りがあった。

当時、西欧列強がアジア各地に進出し、膨大な数の貧しい男女が「労働力」として海外に売られるようになった。西欧諸国は人身売買を禁止したが、それは現地人どうしの売買が対象だった。海外から労働力を調達するための売買はむしろ拡大した。森崎は当時の新聞記事をもとに、人身売買による密航事件をいくつもとりあげている。

横浜を出港し、バンクーバー港について荷揚げされた樽のなかから日本人の女性たちが発見された。日本の娘を密航させ、売春を強要させた罪でアメリカ人の警官が逮捕されたこともあった。彼は結局、日本人の密航媒介を裁く法律がないという理由で無罪となった。

門司に入港したドイツ汽船から清国の一七人の水夫が助けだされたことがあった。無給で働かされ、ひとりが海に飛びこんで助けを求めた。船長が拘束されるが、ドイツ領事が保釈金を払い、契約が終われば賃金を支払うとして水夫も船に戻された。

移民会社が誘拐まがいで人を集めて海外に送りだし、上陸させてそのまま消える事件も相次いだ。一八九六（明治二十九）年になり、日本で最初の移民保護法ができた。女性の仕事は炊事や看護などにかぎられ、娼妓として稼ぐことや海外で娼楼を営業することは禁じられた。しかし違法な密航を斡旋する業者や名ばかりの移民会社があとを絶たなかった。多くの人命が失われた。

移民保護法には抜け道があった。売春業者と娼妓の海外渡航は認められていなかったにもかかわらず、朝鮮と清国にはその規定が適用されなかった。日清戦争によって日本は台湾を植民地とし、それまで上海や香港に送られていた娘たちが台湾に運ばれるようになった。まさに売春を国が公的に認めた公娼制度の「輸出」だった。

朝鮮南部の釜山《プサン》には、江戸時代から日本人居留地である「倭館《わかん》」があった。一八七六（明治九）年、日本に不平等条約で開国を強いられた当時、朝鮮では大飢饉《だいききん》が起き、飢えた人たちが日本人の倉庫が並ぶ倭館に食べものを求めてやってきた。朝鮮の女性が日本人と交接することは厳しく禁じられ、それを犯した者は斬首《ざんしゅ》された。

飢えに苦しみ、ひもじさにたえかね、子どもらに食べものをもち帰ろうと倭館にやってきた女性が刑場で首を斬られた。日本でも飢饉になると、田舎娘たちがどっと身売りされ、神戸や横浜で外国人に声をかけた。

身売りというのは口べらしであり、借金であった。飢えて、食べものを異邦人に求めていたぶられ、刑場に消える朝鮮の女たち。飢えて、養女に出されて美服をまとい、苦界に死にゆく日本の娘たち。どちらもこのような現実のなかで、くにには諸外国と交流しはじめたのである。

（一二八頁）

朝鮮は儒教の国なので、男女ともに人前で肌を見せることはなかった。日本では、明治になって裸体での外出や混浴の禁止が何度だされても、その習俗があらたまらないほど、「肌脱ぎ」はふつうのことだった。

朝鮮の男性にとって、強いられた開国によって礼節ととのわぬ野蛮な和人が入りこみ、越中〔ふんどし〕ひとつでうろつくさまは、さぞ堪えきれぬものがあったろう。また、さような非文明なものたちに、みだりに女が近づくことはわが身がけがれる思いであったにちがいない。汚れた女に矢を刺そうと切り刻もうとゆるせぬ思いをぶちまけているのである。（一二九頁）

一九〇四（明治三十七）年の日露戦争前は三〇〇〇人あまりだった京城《ソウル》の日本人は、戦後二万人に達した。釜山の居留民は一万人をこえた。次つぎと土地が日本人の手に渡った。「本邦に於いて小地主たらんより韓国の大地主となり大陸的新日本の経営をせよ」とそそのかす新聞記事もでた。夢を追い求めた日本の民衆が朝鮮半島や大陸へ

と海を渡った。

そのころ、ヨシはマレー半島でゴム園の経営にも乗りだし、日本の親元に送金するまでになっていた。牛深に小さな家が建った。ようやく一時帰国を果たしたのは一九二一（大正十）年、ヨシが二十五歳のときだった。

帰国中、ヨシは結婚を申しこまれた。牛深ではまだめずらしい商業学校卒の男だった。シンガポールへの出発を遅らせ、一年ほど同棲がつづいた。事業の整理をして日本に帰ってくると約束し、ヨシはシンガポールに戻った。しかし、そのあいだに男は牛深の遊郭《ゆうかく》の女となじみになっていた。

家や土地や家財道具を処分して日本に戻ったヨシは、しばらく九州の温泉場で遊びまわった。そして、インドへと旅立った。ボンベイに降りたち、ジャパニーズ・マッサージ医院の経営をはじめた。雇い入れた三人の日本人女性にヨシはこう語った。


ジャパニーズ・マッサージは客商売じゃなかと。日の丸ば胸におさめた民間外交じゃいけん、身ぎれいにきりりとして、決して日の丸に指ささるるようなことをしちゃいかんばい。ええな。

（一九七頁）

ヨシのマッサージ医院は評判を呼び、インドの王から声がかかり、イギリスへの不服従抵抗運動の最中だったガンジーも治療に訪れた。四十五歳でイギリス系の船会社で働いていた同い年の日本人男性と結婚し、天草から甥の娘を養子として引きとった。

満州事変や国際連盟からの脱退で日本が孤立しはじめた時代だった。夫は英領東アフリカへの転勤を命じられ、それを機に会社を辞めて事業も整理し、夫婦で日本に帰国することにした。ところが長崎に上陸して五日後、夫が急死する。しばらくしてヨシは養女とともに天草に引きあげた。アメリカとの戦争がはじまると、ヨシは「ばかなこっばして」と憤慨した。

こがんこまんか国が世界の白眼ばうけて、なんのよかこっがあろうか。日の丸ば、よごして〔中略〕わしらがどげえ民間外交ばしたっちゃ、国がそればよごしてしまうなら、わしらの仕事は国に殺されよるも同じこっちゃ

（二一一頁）

朝鮮半島や大陸でも、南方でも、日本の海外進出のかげに、つねに「からゆき」たちの献身的な姿があった。生活苦の父母を助け、海外に夢を追った男たちを支えた。「密航婦」や「醜業婦」と蔑まれた女性たちが「娘子軍《じょうし》」ともち上げられることもあった。シンガポール周辺の六〇〇〇人のからゆきたちが年に一〇〇〇ドルを稼ぎだし、それが日本の小資本家たちの資金源にもなっていた。

亡き人たちの言葉になりえぬ思いが絡まり、もつれあい、いまこの時代へとつながっている。その歴史のなかにうずもれた声を、国家に翻弄《ほんろう》されながらもそれを誇りにした生きざまを、知らないまま大人になったことが心から恥ずかしい。

ヨシが誇りを胸にその小さな背に負った「くに」は、いまいったいどこにあるのだろうか。

V 須恵村

一九、

いのる

みんな腹一杯食べた。食事のあいだ中、焼酎がくみかわされた。みなに飲ませる目的は、そうすれば踊りが始まるからであった。後に、ある女性がみなの口に直接酒をついでまわった。くじの新しい当選者にまず最初に酒がつがれ、いまの当選者の女主人には特別な酒がつがれた。みな、大いに酒を飲み、煙草を吸い、冗談をいいあった。最後に三味線がとびだし、踊りが始まった。いくつかの文句が笑いを誘ったが、もっとも面白いのはたいてい踊りそのものである。

（ロバート・J・スミス／エラ・L・ウィスウェル
『須恵村の女たち　暮しの民俗誌』御茶の水書房、一一四頁）

不知火海に注ぎこむ日本三大急流のひとつ、球磨《くま》川の上流に、かつて「須恵《すえ》村」という村があった（現あさぎり町）。そこで戦前の一九三五（昭和十）年から三六（昭和十一）年にかけて、アメリカの文化人類学者ジョン・エンブリーとその妻エラが一年間の住みこみ調査をした。日本の農村における最初の本格的な人類学調査だ。

エラは十歳のときに父親の仕事の関係でロシアから日本に移り住み、九年ほど滞在していた。日本語が話せたので、夫の調査の通訳をつとめた。エラ自身も人類学の講義などを受けた経験があり、綿密な調査記録をつけていた。本書は、このエンブリー夫妻の調査ノートを日本研究者のロバート・スミスがまとめたものだ。とりわけ村の女性たちの生き生きとした姿を活写したエラの記録には、目を見張るものがある。

冒頭の言葉は、村の女性たちがつどう「講銀《こうぎん》」の宴席の一場面。須恵村の女性たちは、男性と同じく、まとまった現金を手に入れるための講を組織していた。講員が定期的に決まった額を払い、集めたお金をクジに当たった者が手にする仕組みだった。この講銀は、よその集落から嫁いできた女性たちの親交を深める役目も担っていた。

エラの記録のなかで印象的なのが、女性たちがよくお酒を飲み、煙草を吸い、唄や踊りを楽しんでいる姿だ。エラは当時を振り返って、次のように書いている。

大きな問題の一つは、つねに酒を飲むということであった。須恵では焼酎は、日本の他の地方のように甘藷や大麦からではなく、米を蒸留してつくるもので、ウオッカに似ているが、それは酒よりもはるかに強い。酒と同じように、それは熱くして出され、柄と呼ばれる、とても魅力的な瓶の長い注ぎ

口から、小さな指ぬきの形をした杯に注がれる。人びとはこの小さな杯で何杯も飲みほす。〔中略〕酒はあらゆる機会にだされる。私が何人かの年とった女たちと連れだって、村の外の神社に参拝したときでさえ、私たちは冷たい弁当といっしょに焼酎を持っていき、みな千鳥足で帰ってきた。（三九頁）

須恵村の女性たちのおおらかな姿に、現代の私たちがかつての日本の暮らしをいかに知らないか、痛感させられる。女たちは、男たちと同じように道端で用を足すし、ほとんどの農家では戸のない便所を使っていた。年配の女性はよく上半身裸で働いていて、人前でも恥ずかしがることはない。まだ百年もたっていない過去の日本人の姿だ。

お金を調達する講銀だけでなく、日常的にも女性たちはよく楽しみのために集まっていた。同じ年代の者たちがつどう「同年講」もそのひとつだ。

昨夜、二五歳から二七歳までの女たちの同年の集まりがあった。そのうちの六人が早くやってきて、食事の支度をした。もてなし役の川辺さんが、お客全員のためのご飯を炊いた。どの集まりでも、彼女たちはくじを引く。そして、丸が書いてあるくじを引き当てたものは、次の集まりのとき、みなをもてなさなければならない。少女が三味線を弾くためにやってきて、彼女たちは一人五銭ずつ出しあって、それを少女に与えた。

（二一八頁）

同年講の女性たちが連れだって巡礼にでることもあった。参詣《さんけい》や巡礼などの祈りの旅は、女性たちが泊まりがけで村外にでることが許される貴重な機会だった。宮崎の青島神社から帰ってきた一行は、人吉駅から村の神社まで世間話をしながら歩いて戻ってきた。無事に帰ったことを祝い、「神様を送り帰すため」に宴会が開かれた。

夫のなかの二人が客としてきていて、女たちに、旅行でさぞかしお疲れになったでしょうといいながら、焼酎をついでまわっていた。この種の宴会はいつもおこなわれた。というのも、神様は神社から家を訪れるためにわざわざ来たのであり、今度は、神様が無事に帰ることができるよう、家の神棚にお供物があげられるのである。

（二一九頁）

かつては二三夜（旧暦六月二十三日の夜）や二六夜（旧暦七月二十六日の夜）に、女性たちが特別の団子をつくって三日月に祈る集まりが催されていた。エラの滞在中に、その途絶えていた月見の集まりが再結成された。参加者の女性は、晩の九時から拳《けん》（賭の遊び）をして過ごし、深夜二時ごろに月の昇るのがよく見える橋まで出かけていった。女性たちは、焼酎、菓子、飴《あめ》などをもち寄り、欄干《らんかん》に蠟燭《ろうそく》を立てて、盃《さかずき》にお神酒を注いだ。

みんな祈りの場所を決め、柏手を打って、「有難か、有難か、有難とうございました」と繰り返した。谷本さんは、「私はどう祈ってよかとか分らんばってん、姿ば現わし、私たちばこぎゃん喜ばせて下さったことんたいする、私たちの感謝の気持ば、どうかお受け取り下さい」といった。月は高く昇り、雲の後から、そのまったく美しい姿を現わした。みんな息をのみ、ありがたいを繰り返した。

（一二二頁）

女性たちは月を観賞したあと、稲荷神社に行って別れの酒を交わし、家に帰った。日ごろから朝は五時に起きて働くので、女性たちはそのまま床につくことはなかった。ジョンの日誌にも、女性たちが友人同士で楽しみながら、神社で祈る様子が記されている。

> 昼ごろ、北嶽神社の方から太鼓を打つ音が聞えたので、調べにでかけた。五人の女たちの集団——一人を除いてみな須恵村の女たち——が、食べたり、飲んだりして、浮れていた。彼女たちは、自分たちは「神様ば喜ばするため」に、太鼓を叩いて踊っているのだといっていた。(実際、彼女たちがいうには、それは、祈れば子供を授ける作物の女神である。)須恵村以外の女は、免田からきた騒々しい娘っ子で、仏像の手つきを真似して両手をあげて神社のまえに座っていた。他のものは、まわりの人が笑っているなかで、数珠を持ってその娘っ子を拝むような格好をしていた。(二二五頁)

女性たちの素朴な祈りの姿に胸を打たれる。仏教と神道の垣根はない。宗教的な教義や形式ばった決まりごととはまったく無縁の、ともに楽しむことの延長に「祈り」があった。エラは、球磨川をはさんだ山の中腹にある谷水薬師《たにみずやくし》への参詣にもついていき、その様子を描写している。

神社〔薬師堂〕に着いて、鈴を鳴らすものも、鳴らさないものものもいた。なかの方では、蠟燭が三つの社のすべての正面で、まずともされ、お供物がなされた。（大きな、朱の漆の盃に注がれた御神酒か、小さな俵に入れられた米のどちらかであった。）彼女たちは、小銭を賽銭箱にいれ、柏手《かしわ》を打ち、なまんだと目を閉じて敬虔に繰り返した。〔中略〕この後、それぞれは、薬師の正面にあるお椀のなかの特別な治療の水を少しとり、いくらかを飲み、いくらかを顔につけた。それから、彼女たちは、後ろの炭火鉢のそばに座り、煙草をふかした。御札を各一銭だして買うものもいたが、他のものは小銭とひきかえに、運勢が書かれた、折りたたんである紙を手にする。彼女たちは、この御みくじを読んでもらうために、家に持って帰らなければならなかった。

（一三〇頁）

女性たちは、帰り道に饅頭を買ってお茶を飲み、おおいに談笑し、煙草を吸った。そして、歩きだしてすぐに別の店に立ち寄り、それぞれ四本のアイスキャンディーを食べ、よくわからないラジオの野球放送を聴きながら、居眠りをはじめた。免田《めんだ》の町で家族のための買いものを済ませ、食堂で稲荷寿司を食べ、お茶を飲む。ある年配の女性は、自分でサイダーを買って飲んだ。

朝七時ごろに村を出て、家に帰り着いたのは夕方の五時だった。女性たちが閉鎖的な村の環境から解放され、ゆっくり楽しく時間を過ごしている姿が目に浮かぶ。

栖山観音《すやまかんのん》への参詣では、観音堂の前で、御神酒の瓶があけられ、村の店で買った缶詰や、持ち寄った栗、煎餅《せんべい》、飴、団子などを肴《さかな》に宴会がはじまった。食べものはすべて食べられ、焼酎はすべて飲みつくされた。噂話に花を咲かせ、おおいに唄う。みなでじっと観音様を見つめ、その手が三三本あることを確かめる。なぜ八手観音と呼ばれるのか、議論が盛り上がった。

――彼女たちは、観音様はご自分のおかげで、私たちがこんなに楽しい時を過し――

――ているのを見て、大変うれしいに違いない、と決めこんでいた。（一四一頁）――

日本の隅々までこれだけ多くの大小さまざまな社寺がつくられてきた理由がわかる気がする。カミのために人が祈るのではなく、人が祈りを楽しむためにカミが必要とされたのかもしれない。

日本の農村女性の祈りの風景は、カミを失った私たちのもうひとつの喪失を照らしだしている。

エチオピア正教の祝祭ティムカットで蠟燭に火を灯す（首都アディスアベバ）

教会を囲んで祈りを捧げる人びと（アムハラ州）

エチオピア正教の祝祭日に広場に集まる女性たち（アムハラ州）

筆者がお世話になったアッバ・オリの妻ファトマが家の土間でヤギに食事を与える（オロミア州）

二〇、

おとことおんな

食物、飲物がなくなると、新郎新婦はいなくなった。少したつと、台所で働いていた娘たちや女たちが入ってきて、われわれ残ったものといっしょに飲んだ。踊りはあからさまだった。佐藤夫人は、着物をはだけて、前の方をあらわにし、裾をたくしあげて、はげしく腰を動かした。すると、集まっていた大勢のものはそれを許容する笑い声をあげ、調子にあわせて手拍子をし、歌をうたった。鈴木さんは、私の高い鼻と、東京に妻［エラ］がいるさみしさとを、即興の歌にしてうたった。

（ロバート・J・スミス／エラ・L・ウィスウェル『須恵村の女たち　暮しの民俗誌』御茶の水書房、一七五頁）

須恵村の宴会は、ときに卑猥《ひわい》な踊りや冗談で盛り上がった。そのあからさまな姿には、正直、当惑してしまう。右の記述は、ジョン・エンブリーが記した婚礼のあとの宴会の様子だ。三味線のリズムにあわせて女性が股《また》にはさんだ小さなほうきを上下させる。性交の真似ごとをして、性的な歌をうたう……。

エラやジョンも、女たちの楽しみの材料にされた。マツタケ狩りから帰ってきた女性が「こらは、あんたのもんより大きかよ」とジョンをからかい、きのこの歌をいろんな歌詞をつけてうたう。ジョンに酔った女性がもたれかかり、「奥さん、エンブリーさんとこれぱしてもよかですか」と叫ぶ。

彼らの日誌には、女たちの性へのあけすけな態度が率直に記されている。真面目な宗教行事のあとも、決まって酒が飲まれ、人びとははめをはずした。

午後の宴会の参加者は、〔中略〕僧侶とその友人だけでなく、寺に寄進をした一般の人びとであった。夜になって客たちが家に帰ると、台所で働いていた女たちが、七時ごろから一〇時まで、自分たちの宴会をおこなっていた。谷本さんは、よそから来ていた僧侶に、かなりしつこく、しまいには彼が逃げだしてしまうまで、焼酎を飲ませた。寺の中央の部屋の仏像のまんまえで、彼女たちは酒を飲み、エロチックな踊りをし、どんちゃん騒ぎをした。その同じ場所で、その日のもっと早い時刻には、僧侶が、仏の慈悲を信じない人びとの運命についての悲しい話をして、女たちは涙をながし、そこで賽銭を投げ、祈りを捧げたのだった。（一七八頁）

女たちの「エロチックな踊り」はときに神々しいまでに艶《あで》やかだった。ジョンは、天岩戸《あまのいわと》に身を隠したアマテラスを誘いだすために、アメノウズメが胸を出し下半身をさらして踊った様を重ね合わせる。

髪の毛をふり乱して背中にたらしていたので、彼女はまるで、エロチックな踊りを踊る絵のなかの女神のようだった。その絵は、神々を笑わせようとして、また太陽の女神を彼女が隠れている洞窟から誘いだそうとしている女神の絵である。（一八八頁）

村人のなかには、そうしたふるまいをよく思わない人もいる。町で育った学校の先生たちはとくに批判的だった。あたらしく着任した校長の奥さんは、焼酎を飲んだこともなく、村人が三味線にあわせて踊ることに眉をひそめ、驚きを隠せない様子だった。日本社会の性に対する意識が変化の途上にあって、都市部の教育を受けた層と農村部の女性たちとで大きな距離があったことがうかがえる。

学校で乳幼児の予防接種が行われたあとも、徴兵された兵士の見送りや帰還兵の歓迎式のときも、医者や兵たちに酒がふるまわれた。戦場に赴く兵士と校長が演説をしているあいだ、女性たちは人びとに酒を注ぎつづけ、兵士が出発すると二次会のために兵士の生家に集まった。帰還した兵士を迎えるときは、女たちは軍服や消防服、外套など男性用の衣装に身を包み、口ひげやあごひげをつけ、杖をもって紳士のようにふるまうという奇妙な歓迎会が開かれた。

男の服を着たおばあさんのいく人かが、子供のように走りまわって、踊っていた。女たちは概して、自分が装った性に完全になりきって行動し、娘や女たちのみんなに言い寄っていた。娘たちは悲鳴を上げて、お尻をつねられるのを避けようと、道から田畑の方へとびだした。一人のおばあさんが若い女を、そして後には男をつかまえ、二人を壁に押しつけて、性交の動作の真似をした。集まっていた人びとは、どっと大笑いをし、一方、哀れな犠牲者たちは、解放されるやいなや大急ぎで逃げ出した。

（一八二頁）

ジョンは「須恵の人びとにとって、軍国主義の思想はまったくなじみのないものだと私は確信している」とつづる。時代は、一九三七（昭和十二）年の盧溝橋《ろこうきょう》事件で日中戦争がはじまる前夜だ。村のなかも表向きの国家主義の世界とその背後でつづけられる生活世界との乖離《かいり》はあきらかだった。

国防婦人会の会長には男性の校長が就任し、女性たちに質素倹約による経済更正計画への貢献を訴えた。女性たちに礼儀作法や料理の講座への参加が義務づけられ、愛国心を示すために、かっぽう着とたすきの着用が指示された。ジョンは「大体において、女たちはそれを、馬鹿げたことだと思っている」と記して、将校への閲兵式のときの様子を次のように書き残す。

女たちは、閲覧が終った後に、校長の演説を聞くために集められた。その後、男の教師が、婦人会の決議を婦人たちに読みあげた。彼が、「私たちは台所を清潔にきちんとします」という文を読んだとき、私はあまりのばかばかしさにあきれてしまった。婦人の組織が、国家主義的目的のために、男たちによって結成され、発展させられていったのだ。部落レベルの単位の指導権が問題になるときでも、女たちは責任を拒絶しようとする。私は、この組織のいかなる総会においても、女が演説したのを聞いたことがない。あらゆる組織作り、あらゆる決議、あらゆる取り決めが、男性によってなされる。女性はただ、命令を遂行するだけである。（九六頁）

白いかっぽう着は若い女性には見栄えがいいが、年寄りだとおかしく見える。暑くるしいし、そもそもエプロンは外で着るものではなく、お客がきたらとるものだ。女たちはそんなまっとうな不満を口にしながらも、男たちの「指示」に従った。

須恵村の女たちの宴席でのふるまいは、卑猥だとか、教育がないとか、恥ずかしいと感じてしまうかもしれない。たぶん日本の男性研究者であれば、こんな記録は残さなかっただろう。でも「教育」を受けた「品行方正」な男たちが主導して進めた国家事業が、どんな歴史の結末を迎えたかを私たちは知っている。

性を恥ずかしく、隠すべきものととらえる感性も、男たちのつくりあげた、いかがわしい「道徳心」のなれの果てなのかもしれない。女たちの艶やかな身のこなしに、私たちがすでに内面化してしまった常識の歪《いびつ》さを、からかわれている気がする。

筆者が村を離れる前に開かれた歓送の酒宴で踊りに興じる人たち（アムハラ州）

二、

みえないもの

まだ結婚していない須恵村の若い女たちの多くにとって、目標は、村を逃げだし、町や都市で仕事を見つけることだった。このような土地に、工場で働く者を探しに、募集のための人がやってくる。多良木から来た男は、職業はちょうちん屋であるが、いまは労働契約業者になり、工場のために女の子を集めにここにくる。彼は〔中略〕女の子を姫路の工場に、一日四〇銭の賃金で斡旋した。彼は〔中略〕工場労働の方が収入が高いといって、容易に人びとを説得していた。

（ロバート・J・スミス／エラ・L・ウィスウェル『須恵村の女たち　暮しの民俗誌』御茶の水書房、二八六頁）

酒を飲んでは羽目をはずし、神に祈り、ほがらかに噂話を楽しむ須恵村の女性たちは、同時に村の貴重な「労働力」でもあった。その働きぶりには目を見張るものがある。

――〔十六歳くらいの〕彼女は〔中略〕女中だが、仕事のことでいつも不平を述べ――

ていた。仕事があまりにきつく、工場での仕事の方がずっと楽だし、そこでは友達もつくれるといった。ここでは、彼女は一日三回食事を作り、家の掃除をし、また多くの野良仕事を要求される。今日、私はお墓の近くの桑畑に米ぬかを運んでいる彼女と出会った。籠は大変重くて、私は肩まで引き上げられなかった。彼女は、これから五往復するといっていた。（二〇六頁）

女たちが運んでいる荷物の重さには、ただ驚嘆するばかりである。いつか、上手の入江の人びとがあぶなっかしい小さな橋を渡って、炭にする木を運んでいるのを見た。夫と一五歳ぐらいになる男の子と妻とが、みんなそこにいた。彼女は妊娠していて臨月だったが、非常に多くの丸太を肩にしょって、注意深く橋を渡っていた。彼女は、全部で六往復か八往復した。息子は毎回、母親の先を渡ったが、ときどき立ち止まって、明らかに心配して後を振り返っていた。（二〇七頁）

「肉体労働は男の仕事だ」という現代の常識は通用しない。病気をしても、臨月であっても、流産をしても、休む間もなく働きつづける女性たちの姿は、あの「ほがらかさ」の別の側面を、その裏にある逃れられない現実とともに照らしだす。

乙女が流産したあと、まだ休んでいたので、みんなの軽い笑いの的になった。一方、家には世話をしなければならない男がいっぱいいたから、妹や女中は一日中働いていた。女中は洗濯だらいにかがんで「女ん仕事はつらくて、報われん。休むこともできん」といっていた。（二〇七頁）

外での野良《のら》仕事も、家庭内の家事も、いずれも女性の働きなしには成り立たなかったことがわかる。女性たちの過ごす一日は次のように描写される。

子供たちが朝食をすませ、七時を少し過ぎたころ学校にいくと、両親と老人夫婦が食事を始める。老人は先祖の位牌の前で拝み、草刈りにでかけ、一方嫁と娘は山に肥料を集めるためにでかけた。彼らは昼に帰り、残った汁と冷いご飯で昼食をすませた。老婆は家に残って、夕食の支度をする一方、赤ん坊の世話をした。昼食後、年上の娘は〔昨夜からたまっていた〕皿を洗い、お茶をつみにでかけた。一方、老婆は家を片付けた。嫁は風呂をわかすために、家の下の川から、バケツで水を運び、破れたちょうちんを直し、野菜の種を植え、赤ん坊と料理とを年寄りにまかせて野良にでていった。すぐに赤ん坊は邪魔にならないように、年上の娘の背中にしばりつけられ、外にだされた。数分後に、二人とも帰ってきて、赤ん坊はまた祖母が面倒をみなければならなくなった。（二〇九頁）

冒頭の言葉にもあるように、若い女性たちにとって、村での労働の過酷さが都会の仕事への憧憬《しょうけい》につながった。しかし、村の外での仕事に多くの選択肢があったわけではない。それはあくまで「あこがれ」にすぎなかった。

学校を終えた、まだ結婚してない女の子は、この村から出ていくことのできる、どのような種類の仕事を見つけられるかを想像して、多くの時間を過していた。〔中略〕文枝がそこにいたが、彼女は、自分は来年は子守りを続けないといった。〔中略〕藤田さんとこの女の子は、免田の料理屋で働いたらどうかといったが、文枝はそれに抗議をした。にもかかわらず、その可能性についての議論は、バス・ガールになるか紡績工場で働くかという話と、まったく同じ調子で話されていた（町の料理屋で働く女の子は、普通は売春婦に転落する）。藤田さんは、三年から五年契約の後、女の子が村に帰ってくるのなら、そんなに悪くないと思っていた。

（二八八頁）

玉子は絶えず、どのようにして自分がバス・ガールになり、新たに採用された仲間といっしょに村を出ていくかについて話をしていた。問題は、彼女のボーイ・フレンドが反対していることだった。〔中略〕私たちの女中は、「バスのことはすべて嘘たい」といった。「若か人たちは、嘘ばつくことしかすっこつがなか。嘘ばつくことは面白かし、みんなそぎゃんことを話すとは好きだけん。いま、文枝はバス・ガールになることば話しとるけど、そらきつか仕事ばい。」彼女は、このような長広舌を、この仕事がいかに魅力的かを玉子といきいきと話しあったすぐ後で、述べていた。

（二八九頁）

父親が娘を売ることもあった。ある父親は、二十二歳の長女を売春宿に八〇〇円で売って借金を返済し、十六歳の次女を料理屋に売っていくらかの田を買い、家の修理をした。長女はやがて客の子どもを妊娠し、村に戻って出産した。生まれた赤子は実家の籍に入れられた。

須恵村の女性たちの姿は、エチオピアの農村で目にしてきた女性たちの姿と重なる。農家の妻たちは朝一番に起きだして、火をおこし、みんなの食事の準備をする。薪をひろい、水くみに行き、家の掃除をする。そのあいまに隣近所の女性たちとコーヒーを飲みながら噂話に花を咲かせ、談笑する。

若い娘たちは村を出ることにあこがれ、中東で家政婦として働くために出稼ぎに行く。彼女たちの仕送りで、家族はテレビを買い、きれいな家を建てる。なかには望まない妊娠をして帰国する女性もいる。肌の色の違う子どもが、他の子と同じように村で育てられている。

弱き者が困難な境遇を強いられる。そんな時代にはもう戻れない。日本が豊かになってよかった。須恵村の克明な記録を読み進めると、そう思ってしまう。

でも「そんな時代」を生きている人は、この瞬間も世界にたくさんいる。現代の日本にも、その困難は別の目につきにくいかたちで残っている。もしかしたら、私たちの「豊かさ」は過酷な労働や貧困を別の場所の小さき者に押しつけることで成り立っているのかもしれない。かつての須恵村で弱い立場の女性に辛苦《しんく》が押しつけられたのと同じように。

見えないウイルスに脅かされる日々のなかであらわになったのも、そんな不均衡な世界の姿だ。自宅でリラックスできる恵まれた人がいる一方で、医療や介護の現場、スーパーのレジや流通を担う配送など、社会を支えるために休む間もなく緊張を強いられながら働く者たちがいる。休校でも親が仕事を休めず、ひとり不安な気持ちで留守番をしている子どもがいる。自宅にも居場所がなく、行くあてもなく鬱々《うつうつ》と街をさまよう若者もいる。

自分たちの目の前にはいない世界の片隅に生きる者たちへの想像力が、いま試されている。

おわりに

私は日本のことを、自分たちのことを何も知らなかった。本書を書き終えて、あらためてそう思う。エチオピアに赴いて人類学の研究をするなかでも、つねに「私たち」とはいったい何者なのかが気になってきた。本書は、その問いに正面から向き合うための最初の一歩である。

水俣や天草、須恵村について書かれた文章をたどると、まだ百年もたっていない過去の出来事や人びとの経験がエチオピアと同じくらい遠く感じられる。何も知らないまま、わかったような気になっていた。ちゃんと知っておくべきことは、すぐ足元にあった。

エチオピアで小さな営みを知る大切さを痛感してから、ずいぶん遠回りして、ようやく自分が生まれ育った土地で重ねられてきた営みの歴史に目を向けることができた。だがテキストを読みながら目に浮かんだのは、エチオピアで出会った人たちの姿だった。

おそらくエチオピアの村の生活を知らなければ、熊本の民の暮らしについて実感をもってとらえることもできなかっただろう。ともに近代の国民国家にとり囲まれる経験を共有している。その意味で、エチオピアの村人も、熊本の民も、ともに「私たち」の姿なのだ。

この小さき者たちをめぐる旅が可能になったのは、人びとの暮らしの克明な記録を残してくれた先人たちのおかげだ。その記録がなければ、ずっと「私たち」について無知のままだった。人類学者が世界中で営まれている暮らしの記録を書き残している意味もそこにある。

彼・彼女らの境遇が心に重く響くのは、私たちも同じ枠組みのなかを生きているからである。それは終わった過去の話ではない。どこか「遠く」に感じるとしたら、目の前でくり返されている出来事とのつながりが見えていないのだ。現在と過去を重ねあわせ、私たちと彼・彼女らを結びつける「つながり」に、考えるべき問いが横たわっている。かつての小さき者たちの姿は、いまの私たちに他ならない。

このささやかな「小さき者たち」をめぐる旅路が、本書を手にとってくださった読者の方々にとっても、あらたな「私たち」との出会いになればと願っている。

本書のもとになったのは、ミシマ社のウェブ雑誌「みんなのミシマガジン」で二〇一八年四月から二〇二〇年四月まで連載した「小さき者たちの生活誌」である。連載執筆時から星野友里さんが編集を担当してくれた。いつも星野さんにあたたかく励ましていただいて、なんとか書きつづけることができた。単行本化にあたっては、三島邦弘さんに、この本を読者に届けるためのさまざまな提案をしてもらった。ミシマ社のみなさんには、いつも次にとりくむべき課題をもらいながら、前に進むきっかけをいただいている。あらためてお礼を述べたい。

松村圭一郎

二〇二二年十一月

《引用文献》

『椿の海の記』石牟礼道子、河出文庫、二〇一三年
『あやとりの記』石牟礼道子、福音館文庫、二〇〇九年
『チッソは私であった　水俣病の思想』緒方正人、河出文庫、二〇二〇年
『常世の舟を漕ぎて　熟成版』緒方正人・辻信一、ゆっくり小文庫、二〇二〇年
『聞書　水俣民衆史一　明治の村』岡本達明・松崎次夫編、草風館、一九九〇年
『聞書　水俣民衆史三　村の崩壊』岡本達明・松崎次夫編、草風館、一九八九年
『聞書　水俣民衆史四　合成化学工場と職工』岡本達明・松崎次夫編、草風館、一九九〇年
『聞書　水俣民衆史五　植民地は天国だった』岡本達明・松崎次夫編、草風館、一九九〇年
『みな、やっとの思いで坂をのぼる　水俣病患者相談のいま』永野三智、ころから、二〇一八年
『水俣・もう一つのカルテ』原田正純、新曜社、二〇〇三年
『水俣が映す世界』原田正純、日本評論社、一九八九年

『対話集　原田正純の遺言』朝日新聞西部本社編、岩波書店、二〇一三年
『不敗のドキュメンタリー　水俣を撮りつづけて』土本典昭、岩波現代文庫、二〇一九年
『ふたり　皇后美智子と石牟礼道子』髙山文彦、講談社文庫、二〇一八年
『水俣病誌』川本輝夫著、久保田好生ほか編、世織書房、二〇〇六年
『からゆきさん　異国に売られた少女たち』森崎和江、朝日文庫、二〇一六年
『須恵村の女たち　暮しの民俗誌』ロバート・J・スミス／エラ・L・ウィスウェル著、河村望・斎藤尚文訳、御茶の水書房、一九八七年

＊文献からの引用部分は個人名や地名の一部を削除したり、改行や注釈を省略したりするなど、若干の改変を加えた場合もある。なお引用文中の（　）は原文にある注釈、〔　〕は筆者による追記である。

松村圭一郎（まつむら・けいいちろう）

1975年熊本生まれ。岡山大学文学部准教授。専門は文化人類学。所有と分配、海外出稼ぎ、市場と国家の関係などについて研究。著書に『うしろめたさの人類学』（第72回毎日出版文化賞特別賞）、『くらしのアナキズム』（以上、ミシマ社）、『はみだしの人類学』（NHK出版）、『これからの大学』（春秋社）など、共編著に『文化人類学の思考法』（世界思想社）、『働くことの人類学』（黒鳥社）。

小さき者たちの

二〇二三年一月二十日　初版第一刷発行
二〇二三年二月三日　初版第二刷発行

著　者　松村圭一郎

発行者　三島邦弘
発行所　株式会社ミシマ社
郵便番号　一五二-〇〇三五
東京都目黒区自由が丘二-六-一三
電話　〇三（三七二四）五六一六
FAX　〇三（三七二四）五六一八
e-mail　hatena@mishimasha.com
URL　http://www.mishimasha.com
振替　〇〇一六〇-一-三七二九七六

装丁　尾原史和（BOOTLEG）

印刷・製本　シナノ印刷株式会社
組版　有限会社エヴリ・シンク

ISBN978-4-909394-81-1